Na Ubook você tem acesso a este e outros milhares de títulos para ler e ouvir. Ilimitados!

Audiobooks Podcasts Músicas Ebooks Notícias Revistas Séries & Docs

Junto com este livro, você ganhou **30 dias grátis** para experimentar a maior plataforma de audiotainment da América Latina.

Use o QR Code

OU

1. Acesse **ubook.com** e clique em Planos no menu superior.
2. Insira o código **GOUBOOK** no campo Voucher Promocional.
3. Conclua sua assinatura.

ubookapp

ubookapp

ubookapp

Paixão por contar histórias

John Adair

DESENVOLVA SUAS HABILIDADES DE LIDERANÇA

MÉTODOS EFICAZES PARA SE TORNAR UM LÍDER DE SUCESSO

TRADUÇÃO
UBK Publishing House

© 2007, 2013, 2016, 2019, John Adair
Copyright da tradução © 2020, Ubook Editora S.A.

Publicado mediante acordo com Kogan PagE. Edição original do livro *Develop Your Leadership: Skills Fast, effective ways to become a leader people want to follow*, publicada por Kogan Page.

Todos os direitos reservados. Nenhuma parte deste livro pode ser utilizada ou reproduzida sob quaisquer meios existentes sem autorização por escrito dos editores.

COPIDESQUE	Thiago Braz
REVISÃO	Evellyn Pacheco | Larissa Salomé
CAPA	Bruno Santos
IMAGEM DE CAPA	bizvector / Shutterstock.com
DIAGRAMAÇÃO	Abreu's System

Dados Internacionais de Catalogação na Publicação (CIP)
(Câmara Brasileira do Livro, SP, Brasil)

Desenvolva suas habilidades de liderança : métodos eficazes para se tornar um líder de sucesso / tradução UBK Publishing House. — Rio de Janeiro: Ubook Editora, 2020.

Título original: Develop your leadership skills : fast, effective ways to become a leader people want to follow
Bibliografia
ISBN 978-85-9556-215-8

1. Autoajuda 2. Empreendedorismo 3. Liderança 4. Líderes 5. Motivação 6. Organização – Métodos 7. Planejamento.

20-33095   CDD-658.4092

Índices para catálogo sistemático:
1. Liderança : Administração   658.4092
Maria Alice Ferreira – Bibliotecária – CRB-8/7964

Ubook Editora S.A
Av. das Américas, 500, Bloco 12, Salas 303/304,
Barra da Tijuca, Rio de Janeiro/RJ.
Cep.: 22.640-100
Tel.: (21) 3570-8150

SUMÁRIO

Introdução 7

1 O que você tem que ser 9

2 O que você tem que saber 18

3 O que você precisa fazer 24

4 Como transformar as principais funções de liderança em habilidades 35

5 Como ser um líder melhor 71

6 Como liderar estrategicamente 78

7 Como formar líderes em sua organização 83

Apêndice 93

INTRODUÇÃO

As competências de liderança têm sido reconhecidas como um ingrediente-chave — alguns diriam *o* ingrediente-chave — na gestão. Um bom gerente é, por definição, um líder. Da mesma forma, um *bom* líder também será um gerente.

Contudo, como se tornar tal líder? É possível desenvolver suas próprias habilidades? Deixe-me responder a esta última pergunta com um SIM retumbante. Quanto à primeira, este livro é a minha resposta. Um guia prático e simples para qualquer pessoa que esteja prestes a assumir um papel de liderança de equipe em qualquer organização. No entanto, espero que seja igualmente útil para aqueles que já desempenham essas funções e que desejam melhorar as suas competências básicas de liderança. Se ela é importante para você, este livro lhe dará um suporte completo para se tornar um líder eficaz.

Um aviso: ninguém pode lhe ensinar liderança. É algo para ser aprendido individualmente. Aprende-se com a experiência. Todavia, esta tem que ser iluminada por princípios ou ideias. E quando surgem as faíscas entre os dois é que a aprendizagem acontece. Portanto, cada um terá que relacionar o que digo com a própria experiência, à medida que ler e refletir sobre o assunto. Assim como tudo na vida, quanto mais você investir na exploração conjunta de liderança prática, mais você extrairá dela.

Deixe-me acrescentar uma afirmação ousada para este pequeno livro. As pessoas muitas vezes debatem as diferenças e semelhanças entre liderança e gestão. O importante é focar no que fazer, e não em saber se deve ser rotulado de "liderança" ou "gestão". Como diz um provérbio chinês: "O que importa se um gato é preto ou branco, desde que apanhe ratos?" Este é o livro para tais líderes. É a primeira síntese bem-sucedida dos conceitos de liderança e gestão. Finalmente, há uma única visão integrada, um foco que engloba ambas as perspectivas.

1
O QUE VOCÊ TEM QUE SER

Vamos começar com a pergunta mais básica de todas: por que uma pessoa em vez de outra é aceita como líder dentro de um grupo? Em outras palavras, o que é liderança? A razão para começar daqui é o fato de que o esclarecimento sobre a natureza e o papel deste assunto é o maior passo que você pode dar para melhorar suas próprias habilidades. No exercício a seguir, dê até cinco respostas a essa pergunta.

Exercício
O que é liderança?

1 _____

2 _____

3 _____

4 _____

5 _____

Uma resposta tradicional — que pode estar refletida no que você escreveu na caixa — é que certas pessoas têm *qualidades de liderança*. Esses traços, como coragem ou tenacidade, tendem a tornar as pessoas líderes em todas as circunstâncias. Eles são líderes naturais ou natos.

Esta abordagem apresenta duas dificuldades:

1. Se você comparar todas as listas de qualidades de liderança disponíveis em estudos ou livros sobre o assunto, você notará variações consideráveis. Isso não é surpreendente, porque há milhares de palavras na nossa língua que descrevem personalidade e caráter.
2. A suposição de que os líderes nascem assim e não são fabricados não lhe ajudará muito.

Lembre-se daquele jovem cujo relatório anual dizia que "Smith ainda não é um líder nato". Este pressuposto não é verdadeiro. Naturalmente, divergimos quanto ao nosso potencial de liderança, mas ele pode — e deve — ser desenvolvido. Se você trabalhar muito duro, suas habilidades se tornarão mais habituais e inconscientes. Então as pessoas o *chamarão* de líder natural.

ALGUMAS QUALIDADES ESSENCIAIS

Não se pode deixar a personalidade e o caráter de fora da liderança, pois há algumas qualidades que todos precisam possuir. Você deve personificar as qualidades *esperadas* ou *requeridas* em seu grupo de trabalho. Enfatizo isso porque é fundamental. (Aliás, aqui está uma das primeiras diferenças entre líderes e gerentes: estes últimos podem ser nomeados sobre os outros em uma hierarquia, independentemente de terem ou não as qualidades necessárias).

Exercício

Para este exercício, faça uma lista de cinco qualidades esperadas em quem trabalha na sua área de atuação. Confira com os colegas. Tendo eu mesmo feito este exercício muitas vezes — com trabalhadores da produção, pessoal de vendas, enfermeiros, engenheiros e contadores —, espero que você não ache muito difícil. Note que as palavras podem variar — "trabalhador" e "diligente", por exemplo — mas os conceitos dos traços, das qualidades e das habilidades permanecem os mesmos. Então avalie-se pelas qualidades que identificou.

Qualidades	Classificação 1-5 (1 sendo o mais baixo, 5, o mais alto)

Essas qualidades são necessárias para que você seja um líder, mas não são em si só suficientes para que você seja visto como um. Por exemplo, você não pode ser um líder militar sem coragem física. Contudo, há muitos soldados com coragem física que não são líderes — é uma virtude militar. Que outras qualidades você precisa?

Dica

Há um modelo para o exercício que acabamos de fazer no apêndice ao fim deste livro. Defina um lembrete para si próprio para repetir este exercício no espaço de três meses e, novamente, três meses depois disso. Continue revisando suas qualidades de liderança e desenvolva uma mentalidade de melhoria contínua.

TRAÇOS GENÉRICOS DE LIDERANÇA

Você deve ter notado que essas qualidades estão muito ancoradas em campos específicos. É bem possível que haja algo em comum, mas, certamente, o grau em que as qualidades são requeridas variará de forma considerável. Há, no entanto, algumas qualidades de liderança mais genéricas ou transferíveis que você deve reconhecer em si mesmo — você as verá em outros líderes. Leia o exercício a seguir:

Exercício

Considere as qualidades de liderança descritas abaixo. Você consegue pensar em um líder que personifique cada uma? Poderia ser uma figura histórica, um líder atual ou alguém com quem você trabalhou no passado.

Qualidade de liderança	Descrição	Líder?
Entusiasmo	Consegue lembrar de um líder que carece de entusiasmo? É muito difícil, não?	

Qualidade de liderança	Descrição	Líder?
Integridade	Esta é a qualidade que faz com que as pessoas confiem em você. A confiança é essencial em todas as relações humanas — profissionais ou pessoais. "Integridade" significa totalidade e adesão a valores além de si — especialmente bondade e verdade.	
Resistência	Líderes são muitas vezes pessoas exigentes, desconfortáveis de se ter ao redor, porque seus padrões são elevados. Eles são resilientes e tenazes. Pretendem ser respeitados, mas não necessariamente populares.	
Equidade	Líderes *eficazes* tratam indivíduos diferentes de forma igual. Eles não têm favoritos. São imparciais ao dar recompensas e penalidades pelo desempenho.	
Cordialidade	O líder frio e sem emoção não é um bom profissional. Liderança envolve coração e mente. Amar o que se faz e cuidar das pessoas é igualmente essencial.	
Humildade	É uma qualidade estranha, mas característica dos melhores líderes. O oposto da humildade é a arrogância. Quem quer trabalhar para um gerente arrogante? Os sinais positivos são a vontade de ouvir e a falta de um ego arrogante.	

Qualidade de liderança	Descrição	Líder?
Confiança	Autoconfiança é essencial. As pessoas irão notar se você a tem ou não. Então, desenvolver autoconfiança é sempre pré-requisito para se tornar um líder. Mas não deixe que se torne um excesso de confiança, primeiro sinal no caminho da arrogância.	

Alguns leitores podem questionar a inclusão da *integridade* nesta lista. Não há bons líderes, como Adolf Hitler, que não tinham integridade? Há uma distinção útil entre *bons líderes* e *líderes para o bem*. Se Hitler foi ou não um bom líder é uma questão discutível — em alguns aspectos ele era e em outros, não —, mas ele não era, certamente, um líder para o bem. Todavia, isto tudo é um pouco acadêmico. Uma liderança que não descansa sobre a base da integridade não dura: ela sempre colapsa. Por quê? Porque esse é o caminho da natureza humana.

Você pode perceber que *o que você é* é uma característica importante na sua liderança. Lembrem-se do provérbio zulu: "Não consigo ouvir o que me estão a dizer, porque estão a gritar comigo". Esta vertente é um dos três caminhos principais para subir o monte, as três linhas de resposta às perguntas centrais "O que é liderança?" e "Por que uma pessoa, em vez de outra, emerge como líder de um grupo?" (As outras duas abordagens serão consideradas nos capítulos dois e três).

Você pode desenvolver todas essas qualidades, construir sua autoconfiança, descobrir novos poços de entusiasmo e crescer em integridade. Mas tudo leva tempo. É melhor começar por um dos outros dois caminhos que sobem a montanha. Entretanto, dito isso, aconselho-o a voltar à abordagem das qualidades de vez em quando. Reveja o seu progresso à medida que o perfil dos seus pontos fortes e fracos (em termos de personalidade e caráter) começa a se desdobrar e a mudar na direção positiva. Mantenha-se sempre aberto ao feedback sobre essa pontuação, por mais doloroso que possa ser. (Falo por experiência própria!)

Você também pode considerar um teste de aptidão de liderança, seja na forma de um livro ou de uma fonte on-line confiável. Essas ferramentas são baseadas em dados e oferecem resultados muito diferentes para o feedback "da vida real" de um colega, mas podem fornecer informações valiosas para reflexão. Algumas organizações disponibilizam tais ferramentas aos seus líderes, e vale a pena descobrir se é uma opção no seu local de trabalho.

Dica

Há algum colega ou mentor com quem você possa compartilhar pensamentos sobre seus pontos fortes e fracos? Caso haja, peça-lhes uma opinião de vez em quando, e depois de três meses será capaz de praticar algumas das suas novas habilidades de liderança.

Ao testar se você tem ou não as qualidades básicas de liderança, faça consigo mesmo o seguinte *checklist*.

Checklist: Teste as suas qualidades

	Sim	Não
Possuo as sete características anteriormente mencionadas? (Este teste irá revelar se você realmente tem!)	☐	☐
Demonstrei que sou uma pessoa responsável?	☐	☐
Gosto da responsabilidade e das recompensas da liderança?	☐	☐
Sou bem conhecido pelo meu entusiasmo no trabalho?	☐	☐
Alguma vez me descreveram como um profissional íntegro?	☐	☐
As pessoas pensam em mim como uma pessoa calorosa?	☐	☐
Sou uma pessoa ativa e socialmente participativa?	☐	☐
Tenho a autoconfiança para aceitar críticas, indiferença e impopularidade dos outros?	☐	☐
Posso controlar as minhas emoções e humores ou deixo que eles me controlem?	☐	☐
Fui desonesto com as pessoas que trabalham para mim nos últimos seis meses?	☐	☐
Sou muito introvertido ou extrovertido (ou uma mistura de ambos — como os líderes devem ser)?	☐	☐

Resumo

- Liderança não se limita apenas a um conjunto de qualidades que você tem ou não. Você pode desenvolver e trabalhar em suas habilidades.
- Você precisa exemplificar uma série de qualidades que são esperadas e associam-se com o seu grupo de trabalho.
- Algumas qualidades genéricas também participam na construção do seu potencial de liderança. Por exemplo: entusiasmo, integridade, resistência, equidade, cordialidade, humildade e confiança.
- É importante rever seus pontos fortes e fracos para desenvolver uma mentalidade de melhoria contínua.

2
O QUE VOCÊ TEM QUE SABER

A outra abordagem sobre a liderança minimiza a ideia de que existem coisas como qualidades genéricas. Ela enfatiza a ideia de que a autoridade depende da situação. Em algumas situações, uma pessoa pode emergir como líder; em outras, não. Winston Churchill, por exemplo, foi um grande líder em tempos de guerra, mas não tão bom nos de paz.

Como vimos, a verdade é um pouco mais complexa do que isso. Algumas qualidades estão relacionadas à situação, mas outras — como entusiasmo, coragem moral e resistência — são encontradas em líderes em diversas situações.

A meu ver, a principal contribuição desta abordagem situacional é o fato de ela enfatizar a importância do conhecimento na vida profissional, que está ligado à autoridade. Existem quatro formas de poder entre as pessoas, como é visto na matriz na Figura 2.1.

Nelson Mandela, por exemplo, tinha dignidade, integridade e charme. Por ter suportado anos de prisão, adquiriu a autoridade moral para pedir aos seus compatriotas que aceitassem dificuldades e sofrimentos ao longo do caminho para a unidade nacional e para a prosperidade.

Por que os marinheiros fazem o que o capitão ordena quando o navio é atirado de um lado para o outro em uma tempestade? Porque sentem que ele tem experiência com o mar e a navegação, aprofundado pela prática de muitas outras tempestades. O conhecimento cria confiança nos outros.

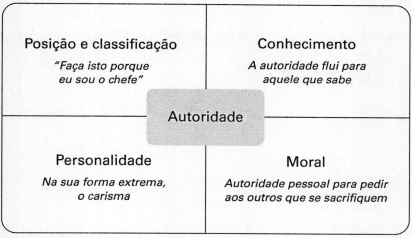

Figura 2.1 *A matriz de autoridade.*

Dica

Sempre incentive sua equipe a fazer perguntas. Isso permitirá que você compartilhe seu valioso conhecimento técnico e profissional, mas também, demonstrará sua autoridade nesta área e construirá confiança em todos os sentidos.

Por esta razão, sua aquisição de conhecimento técnico e profissional é realmente parte de seu desenvolvimento como líder. Para voltar a Churchill por um momento, em 1940, ele era o único ministro com experiência como ministro da guerra durante a Primeira Guerra Mundial, além da sua vivência como oficial treinado que, como comandante de regimento, serviu brevemente na Frente Ocidental. Fora seus dons de oratória e caráter, Churchill tinha uma quantidade considerável de conhecimento relevante para conduzir um conflito — mais do que seus colegas.

O mesmo princípio é válido para você. Mas não imagine que ter o conhecimento técnico ou profissional adequado o qualifica para a liderança. Mais uma vez, é necessário, mas não suficiente.

Exercício

Reflita um momento sobre o seu nível de conhecimento técnico e profissional em seu papel de liderança:

1 Há quantos anos trabalha na área?

2 Tem experiência prática em:

   a. Nenhuma das tarefas que a sua equipa realiza?

   b. A maioria das tarefas que a sua equipa realiza?

   c. Todas as tarefas que sua equipe realiza?

Independentemente da sua resposta à questão 1, se você respondeu a ou b na 2, não deveria considerar melhorar sua compreensão do trabalho feito pela sua equipe?

Todas as principais vertentes da autoridade — posição, conhecimento e personalidade — são importantes. A fim de se ter pessoas livres e iguais para cooperar e produzir grandes resultados, você precisa confiar nas três formas. É como uma corda de três fios. Não confie todo o seu peso apenas em um deles.

Exercício

Martin é um técnico excepcional e ficou satisfeito quando foi promovido a líder de equipe. A diretora técnica encarregada da produção, Sally Henderson, tinha dúvidas sobre as habilidades de Martin como gerente de primeira linha, mas a promoção a um cargo gerencial era a única maneira naquela empresa de dar mais dinheiro para pessoas como ele, com uma longa experiência técnica e de serviço.

Depois de algumas semanas, o desempenho da equipe começou a cair. Martin sabia todas as respostas, mas não ouviu. Quando as coisas começaram a desandar, ele se tornou um valentão. Levou um membro da equipe às lágrimas na frente dos outros.

"Mas não consigo entender", disse Henderson à equipe, enquanto Martin esteve fora por alguns dias, recuperando-se do estresse. "Martin não é um líder?"

"Ele certamente conhece esta fábrica de trás para frente", respondeu um dos membros da equipe. "Ele é um verdadeiro perito. Mas não deveríamos usar a palavra 'líder' para ele. A liderança é mais do que o conhecimento técnico."

Pensando na matriz de autoridade que vimos, Martin tinha claramente a autoridade do conhecimento. Onde você acha que faltava a autoridade dele?

Na primeira fase de sua carreira como líder, você, provavelmente, trabalhará em um campo bastante definido e terá adquirido o conhecimento profissional e técnico necessário. Mas, dentro do seu campo, as situações estão sempre mudando. Quão flexível você é? Consegue lidar com o crescimento e a retração? O *checklist* a seguir ajudará você a confirmar que está no campo certo e que está desenvolvendo a flexibilidade para permanecer no comando em uma variedade de situações diferentes — incluindo algumas que não podem ser previstas.

Checklist: Você é certo para a situação?

	Sim	Não
Sente que seus interesses, aptidões e temperamento são adequados à sua área de atuação?	☐	☐
Consegue identificar uma área de atuação onde estaria mais propenso a evoluir como líder?	☐	☐
Como você desenvolveu "a autoridade de conhecimento"? Fez tudo o que estava ao seu alcance nesta fase da sua carreira para adquirir a formação profissional ou especializada disponível?	☐	☐
Você tem experiência em mais de um campo, em mais de uma indústria ou em mais de uma função?	☐	☐
Você se interessa por campos adjacentes e potencialmente relevantes aos seus?		
Às vezes	☐	☐
Nunca	☐	☐
Sempre	☐	☐
Quão flexível você é dentro do seu campo?		
Bom: você responde às mudanças situacionais com flexibilidade de abordagem; lê bem as situações, pensa nelas e as responde com a atitude apropriada de liderança.	☐	☐
Adequado: você já se provou em alguns casos, mas temeu outros; fica mais feliz quando a situação é normal e previsível.	☐	☐
Fraco: você está altamente adaptado a um ambiente de trabalho particular e não suporta mudanças; muitas vezes é chamado de rígido ou inflexível.	☐	☐

Resumo

- O conhecimento e a experiência conferem a você uma autoridade percebida pelos outros ao seu redor.

- Não subestime ou superestime o quanto o seu conhecimento contribui para a sua autoridade dentro de sua equipe.

- Há quatro tipos de autoridade obtidas a partir da aquisição de experiência: a autoridade de posição e classificação, a autoridade do conhecimento, a autoridade da personalidade e a autoridade moral.

- As autoridades de posição, conhecimento e personalidade precisam estar em equilíbrio se você quiser ser um líder eficaz.

3
O QUE VOCÊ PRECISA FAZER

A terceira linha de pensamento sobre liderança se concentra no grupo. Esta *abordagem de grupo*, como pode ser chamada, nos leva a vê-la em termos de funções que atendem às necessidades do grupo: o que precisa ser feito. Na verdade, se olharmos de perto para os assuntos que envolvem liderança, há sempre três elementos ou variáveis:

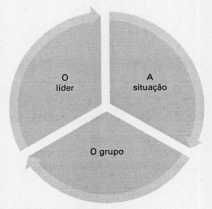

Figura 3.1 *As três variáveis de liderança*

Como é mostrado na Figura 3.1, há o líder (com suas qualidades de personalidade e caráter), mas há a situação, parcialmente constante, parcialmente variável e, em seguida, o *grupo*, com suas necessidades e valores.

Na verdade, os grupos de trabalho são sempre distintos, tal como os indivíduos. Depois de se reunirem, eles logo desenvolvem uma *personalidade coletiva*, de modo que o que funciona em um grupo pode não funcionar em outro. Todos são únicos.

> **Dica**
>
> É melhor não fazer suposições quando se é novo em um grupo de trabalho. As necessidades individuais e do grupo são sempre complexas e levam tempo para serem compreendidas.

Isso é apenas metade da verdade. A outra é que os grupos de trabalho — como indivíduos — têm certas necessidades em comum. Há três áreas de necessidades sobrepostas importantes, como ilustrado na Figura 3.2.

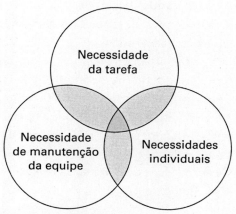

Figura 3.2 *Necessidades sobrepostas*

NECESSIDADE DA TAREFA

Grupos de trabalho e organizações surgem porque há uma tarefa a ser feita que é muito grande para uma pessoa só. Você pode escalar uma colina ou uma pequena montanha sozinho, mas não o monte Everest.

Por que chamar isso de necessidade? Porque a pressão produz uma nuvem de fumaça que atrapalha a finalização de uma tarefa. As pessoas podem se sentir frustradas se forem impedidas de fazer algo.

NECESSIDADE DE MANUTENÇÃO DA EQUIPE

Isto não é tão fácil de perceber como a necessidade da tarefa; como em um iceberg, grande parte da vida de qualquer grupo está abaixo da superfície. A distinção de que a necessidade da tarefa diz respeito a coisas e a necessidade de manutenção da equipe envolve pessoas não ajuda muito.

Mais uma vez, é melhor pensar em grupos que são ameaçados de fora por forças que visam a sua desintegração ou de dentro por pessoas ou ideias perturbadoras. Podemos então ver como eles dão prioridade à manutenção de si mesmos contra essas pressões externas ou internas, mostrando, por vezes, grande ingenuidade no processo. Muitas das regras escritas ou não escritas do grupo destinam-se a promover esta unidade e a manter a coesão a todo o custo. Aqueles que balançam o barco ou infringem os padrões do grupo e o equilíbrio corporativo podem esperar reações que variam de indulgência amigável a raiva pura e simples. Instintivamente, existe um sentimento comum de que "unidos resistimos, divididos caímos", de que as boas relações, desejáveis em si mesmas, são também um meio essencial para alcançar o fim comum. Esta necessidade de criar e promover a coesão do grupo é o que chamei de necessidade de *manutenção da equipe*. Afinal, todos sabem o que é uma equipe.

Exercício

Miguel teve o prazer de ser promovido a um cargo de liderança em um departamento diferente do que atuava na agência de marketing digital. Ele já havia sido gerente de uma equipe pequena, mas a nova função o tornou responsável por uma equipe maior e uma área de atuação mais ampla, incluindo uma parcela crítica de trabalho com prazos desafiadores a serem cumpridos. Ele sabia que, por vezes, pediria à sua equipe para ir além.

Miguel teve o cuidado de conhecer todos os membros e entender o trabalho que eles faziam. Ele passava tempo com cada um dos indivíduos e ficou impressionado com o compromisso deles, especialmente com o fato de trabalharem até tarde para concluir as demandas e cumprir os prazos.

Miguel então olhou para as práticas do departamento e ficou surpreso ao saber que o gerente anterior era relaxado sobre os horários de início e fim de expediente, e que uma abordagem informal de "horário flexível" estava em vigor. Preocupado com a situação e com o volume de trabalho que sabia que teriam, ele disse à equipe que esperava que todos estivessem às suas mesas às nove horas da manhã para que não perdessem um tempo valioso no início do dia. Disse-lhes também como esperava que estivessem ocupados nas próximas semanas. Miguel sempre chegava à empresa antes das nove horas e acreditava no conceito de que "Deus ajuda quem cedo madruga".

À medida que o primeiro prazo crítico de negócios se aproximava, Miguel observou que, enquanto sua política de início às nove horas estava sendo cumprida, vários membros do grupo não estavam dispostos a trabalhar além do horário de término e, como resultado, a capacidade da equipe de cumprir os prazos estava sob ameaça.

Como líder, Miguel considerou a situação e o grupo, ou as prioridades dele prevaleceram sobre as coletivas? Embora parecesse entender a necessidade da tarefa, ele atendeu às necessidades de manutenção da equipe e às individuais enquanto implementava medidas para completar a tarefa?

NECESSIDADES INDIVIDUAIS

Os indivíduos trazem para o grupo as suas próprias necessidades:
- Físicas:
  - comida;
  - abrigo.

Estas são, em grande parte, cobertas pelo pagamento de salários.
- Psicológicas:
  - reconhecimento;
  - sensação de fazer algo gratificante;
  - status.

Também existem necessidades mais complexas para dar e receber de outras pessoas em situação de trabalho.

Estas necessidades individuais talvez sejam mais profundas do que percebemos.

Dica

Para ajudá-lo a considerar as necessidades de um indivíduo, coloque-se no lugar dele e pense cuidadosamente sobre como você se sentiria se fosse essa pessoa.

Elas nascem das profundezas da nossa vida como seres humanos. Podem atrair-nos ou repelir-nos de qualquer grupo. Subjacente a todas elas está o fato de que as pessoas precisam umas das outras não apenas para sobreviver, mas para alcançar e desenvolver a própria personalidade. Este crescimento ocorre em toda uma série de atividades sociais — amizade, casamento e vizinhança — mas inevitavelmente os grupos de trabalho são extremamente importantes porque muitas pessoas passam muito do seu tempo neles.

Exercício

Pense sobre o seu papel atual e quaisquer anteriores que tenha desempenhado na sua carreira. Cite três funções e preencha o *checklist* abaixo para avaliar o quão bem suas necessidades individuais foram atendidas em cada ambiente de trabalho. Em seguida, avalie os seus níveis de motivação geral em cada uma dessas funções. Você pode ver algumas conexões interessantes?

As Necessidades foram atendidas?	Nível de motivação (1 sendo o mais baixo, 5, o mais alto)
Necessidades físicas:	
Comida?	
Abrigo?	
Necessidades psicológicas:	
Reconhecimento?	
Sensação de fazer algo gratificante?	
Status?	
Necessidades físicas:	
Comida?	
Abrigo?	
Necessidades psicológicas:	
Reconhecimento?	
Sensação de fazer algo gratificante?	
Status?	
Necessidades físicas:	
Comida?	
Abrigo?	
Necessidades psicológicas:	
Reconhecimento?	
Sensação de fazer algo gratificante?	
Status?	

OS TRÊS CÍRCULOS INTERAGEM

Estas três áreas de necessidade se sobrepõem e se influenciam mutuamente. Por exemplo: se a tarefa comum for realizada, isso tende a fortalecer a equipe e a satisfazer as necessidades humanas pessoais dos indivíduos. Se houver uma falta de coesão no círculo da equipe — uma falha na manutenção do grupo —, então o desempenho nas tarefas será prejudicado e a satisfação dos membros individuais será reduzida. Assim, podemos visualizar as necessidades presentes nos grupos de trabalho como três círculos sobrepostos, conforme mostrado na Figura 3.2.

Hoje, quando mostro este modelo, coloro os círculos em vermelho, azul e verde, pois a luz (não o pigmento) refrata-se nestas três cores primárias. É uma forma de sugerir que os três círculos formam um modelo universal. Em qualquer campo que você esteja, em qualquer nível de liderança — líder de equipe, operacional ou estratégico — há três coisas em que você deve pensar sempre:

1. Tarefa.
2. Equipe.
3. Indivíduo.

Dica

Tente pensar na autoridade como uma atividade centrada no outro — e não como uma atividade egocêntrica.

O modelo de três círculos é simples, mas não simplista ou superficial. Tendo em mente estas três cores primárias, podemos fazer uma analogia com o que acontece quando vemos um programa de televisão: as imagens coloridas em movimento são compostas por pontos destas mesmas cores e (nas áreas sobrepostas) três secundárias. É somente quando você se afasta do complexo quadro da vida em movimento e fala no trabalho que você começa a ver o padrão estrutural dos três círculos. É claro que nem sempre são tão equilibrados e claros como o modelo sugere, mas, ainda assim, estão lá.

RUMO À ABORDAGEM FUNCIONAL DA LIDERANÇA

O que tudo isso tem a ver com liderança? Para alcançar a tarefa comum e manter o trabalho em equipe, certas *funções* devem ser executadas. Uma função é o que você faz, em oposição a uma qualidade, que é um aspecto do que você *é*. Por exemplo: alguém tem que definir os objetivos, fazer um plano e manter a equipe unida se ela for ameaçada por forças perturbadoras.

Estamos em terreno firme. As funções de liderança são chamadas de tarefa, equipe e necessidades do indivíduo. Esta é a porta de entrada para uma liderança eficaz. Além disso, você pode — pela prática, análise, experiência e reflexão — realizar as funções com habilidade: elas se tornarão suas *habilidades de liderança*. Isso não significa que você executará todas ao tempo todo. Mas elas serão ferramentas afiadas, brilhantes e bem lubrificadas na sua caixa de equipamentos, prontas para uso imediato quando precisar.

SEU PAPEL COMO LÍDER

Você pode ser muito claro sobre o seu papel como líder. Deixe-me explicar o comum, mas mal-utilizado, sentido da palavra "papel". Uma metáfora extraída do teatro aponta para a parte atribuída ou assumida no drama. Em seu uso social mais amplo, um papel pode ser definido como *expectativas* que as pessoas têm de você. É claro que, se indivíduos diferentes tiverem expectativas diferentes, você pode experimentar *um conflito de papéis*. Pode descobrir, por exemplo, que há uma tensão considerável em certos momentos da sua vida entre as expectativas de seus pais, as de seu companheiro e as de seus filhos.

Não esperamos que as pessoas ajam fora dos seus papéis no contexto do trabalho. Se um agente da polícia parasse o seu carro para lhe contar uma piada que fora ouvida na televisão na noite anterior, a maioria de nós — tal como a rainha Vitória — não se divertiria. Não esperamos que os policiais se comportem dessa forma.

É aí que entra o modelo de três círculos: o que ele faz por você é definir o papel do líder de forma visual. As pessoas *esperam* que os seus chefes:

- Ajudem na realização da tarefa comum;
- Construam a sinergia do trabalho em equipe;
- Respondam aos indivíduos e satisfaçam as suas necessidades.

Os círculos sobrepostos integram essas três facetas do papel de líder. Seguindo a analogia da luz, as funções de liderança são como o espectro de cores do arco-íris quando um raio de sol é refratado através de um prisma (veja Figura 3.3).

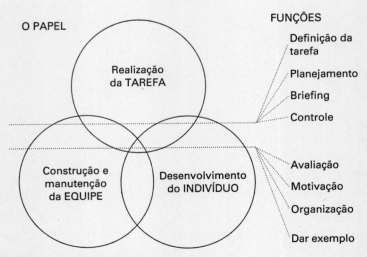

Figura 3.3 *Funções de liderança*

No capítulo quatro, exploraremos maneiras práticas pelas quais você pode realizar essas funções. A Figura 3.4 mostra um caminho de desenvolvimento de habilidades de liderança para você seguir. Como dissemos no capítulo um, desenvolver habilidades para ser um líder leva tempo.

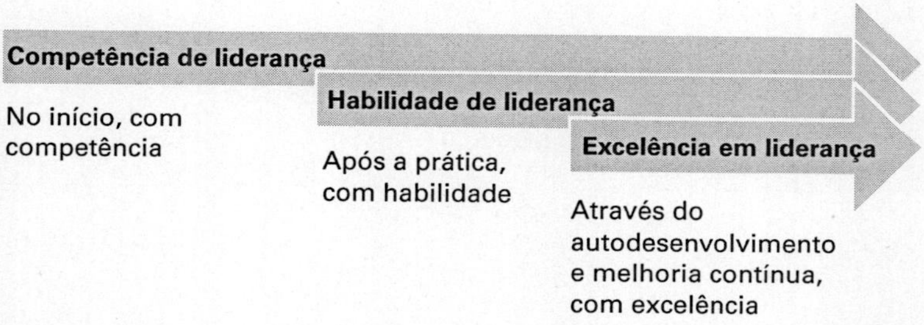

Competência de liderança

No início, com competência

Habilidade de liderança

Após a prática, com habilidade

Excelência em liderança

Através do autodesenvolvimento e melhoria contínua, com excelência

Figura 3.4 *O caminho para o desenvolvimento de habilidades de liderança*

Aqui está o seu desafio como atual ou futuro líder. A competência está ao seu alcance, mas busque a habilidade e nunca descanse até atingir a excelência em liderança.

LIDERANÇA: LEMBRETE PESSOAL

Seja na liderança operacional, organizacional ou de equipe, o que importa é:

- *O líder*: qualidades de personalidade e caráter;
- *A situação*: em parte constante, em parte variável;
- *A equipe*: os seguidores, suas necessidades e valores.

O três círculos de necessidades que se sobrepõem e interagem, como mostrado na Figura 3.2, têm que ser focados em todos os momentos. As funções de liderança podem ser resumidas como mostrado na Figura 3.3.

Resumo

- A liderança bem-sucedida atende às exigências do grupo, que terá necessidades em três áreas: da tarefa, de manutenção da equipe e individuais dos membros da equipe.
- As três se sobrepõem e se influenciam mutuamente.
- Para satisfazer essas necessidades, o líder tem que desempenhar uma série de funções que promovam o sucesso na tarefa, fortaleçam e mantenham a equipe e desenvolvam o indivíduo.

4
COMO TRANSFORMAR AS PRINCIPAIS FUNÇÕES DE LIDERANÇA EM HABILIDADES

Neste capítulo, considerarei cada uma das oito principais funções de liderança, e lhe ajudarei a identificar maneiras para que você as execute da melhor forma.

Lembre que, como as três áreas — tarefa, equipe e indivíduo — se sobrepõem, qualquer função afetará os três círculos. Vamos dar outra olhada nas funções de liderança que introduzimos no capítulo anterior.

Vamos falar de *planejamento*, por exemplo. À primeira vista, isso parece ser apenas uma tarefa. No entanto, não há nada como um mau plano para dividir uma equipe ou frustrar um indivíduo: ele atinge todos os três círculos. Outro fator a se considerar é que —como já disse — a liderança existe em diferentes níveis, como mostra a Figura 4.2.

Assim como os três círculos, as oito funções também se aplicam a todos esses níveis, embora de formas diferentes. Nas discussões breves de cada função a seguir, indicarei as distinções, mas o foco será no primeiro nível — o papel de liderança da equipe.

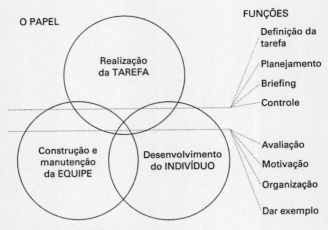

Figura 4.1 *Funções de liderança*

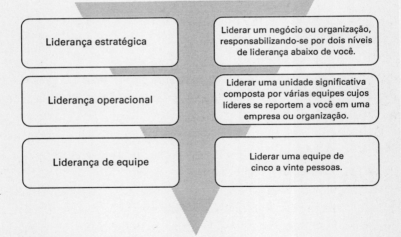

Figura 4.2 *Níveis de liderança*

A abordagem funcional da autoridade apresentada é também chamada, por vezes, de *liderança centrada na ação*. Uma função é uma porção de um conjunto de ações relacionadas que contribuem para o desenvolvimento ou manutenção, assim como cada parte do corpo tem sua função em relação ao todo. "Função" vem de uma palavra latina que

significa *performance*. Às vezes é usada mais amplamente para nomear o que eu chamei de papel
— o tipo especial de atividade própria de um cargo profissional. Você é funcional como líder? Em outras palavras, você é capaz de desempenhar as funções regulares esperadas de um líder?

FUNÇÃO UM: DEFINIÇÃO DA TAREFA

"Tarefa" é uma palavra muito geral. Significa "algo que precisa ser feito". Pior, algo que você é obrigado a fazer. De um modo mais amplo, as pessoas em equipes ou organizações têm alguma ideia do que devem realizar, mas precisam de um *objetivo* que seja:

- claro;
- concreto;
- limitado no tempo;
- realista;
- desafiante;
- capaz de ser avaliado.

Dica

Ao estabelecer objetivos, é uma boa prática garantir que eles sejam SMART (*Specific, Measurable, Achievable, Relevant* e *Time-Related*, em inglês):

- Específicos;
- Mensuráveis;
- Realizáveis;
- Realistas;
- Prazo definido.

Antes de definir metas para a sua equipe, avalie-as de acordo com esses critérios. Há uma ferramenta fornecida no apêndice ao fim do livro para ajudá-lo com o exercício na página seguinte, e também para avaliar se as metas futuras são ou não SMART.

Com o último ponto, quis dizer que existe um "critério de sucesso" simples que permitirá que você — e sua equipe — saiba que o objetivo foi alcançado. Se o seu alvo é chegar ao topo do monte Everest você saberá quando o atingir. Em muitas outras áreas do esforço humano, é evidente que os critérios de sucesso são muito menos óbvios.

Exercício

Pense em um objetivo que você definiu recentemente para si mesmo ou para sua equipe. Avalie esse objetivo de acordo com os critérios SMART.

Objetivo:		
O objetivo era	Sim/Não	Como?
Específico?		
Mensurável?		
Realizável?		
Realista?		
Prazo definido?		

Se o objetivo não cumpria nenhum dos critérios, haveria alguma coisa que poderia ser feita para mudar isso?

Liderança é também sobre como responder às perguntas "por quê?" e "o quê?". Um chefe pode dizer a você *o que* fazer, mas um líder vai explicar ou transmitir o *porquê* como um primeiro e importante passo no caminho para a sua cooperação livre e voluntária — a marca de toda verdadeira liderança. Há aqui uma sobreposição com motivação — ou dar aos outros uma razão suficiente ou motivos para agir —, que discutiremos em breve. Aqui quero permanecer no círculo de tarefas e sugerir que todos os líderes devem ser capazes de relacionar um *objetivo* com as *metas* e os *propósitos* mais amplos da organização. Em outras palavras, eles precisam ser capazes de pensar — e frequentemente falar

— de maneira mais ampla. Quando o fizerem, estarão movendo-se do particular para o geral, do concreto para o abstrato.

Exercício

A empresa Gaia Technologies plc dedica-se, de forma rentável, à produção e à venda de equipamentos de perfuração. Esse pode ser considerado o seu propósito, a razão pela qual ela existe. Seus objetivos atuais são: melhorar a qualidade da linha mais vendida de perfuratrizes de petróleo e gás em águas profundas, conquistar quarenta por cento do mercado mundial nos próximos cinco anos (atualmente eles têm 23 por cento) e desenvolver uma gama de novos produtos para o mercado de mineração de gemas, em que altos lucros podem ser obtidos. Mike Wilson é um líder de equipe na fábrica de Aberdeen, na Escócia. A principal meta de sua equipe esta semana é montar um protótipo de perfuradora para participar do concurso da empresa para negócios nos novos campos petrolíferos das Malvinas. Até o fim da semana, a perfuradora tem que ser testada sob cinco critérios de qualidade fundamentais e um relatório sobre os resultados deve ser escrito. A diretora de produção quer isso nas mãos dela até as 18h de sexta-feira.

Se você fosse Mike Wilson, poderia explicar por que o objetivo da semana é importante dentro dos objetivos da empresa. De igual modo, esses foram identificados e serão concretizados *a fim de* alcançar o objetivo corporativo.

Agora, experimente avaliar o objetivo da equipe face aos critérios SMART.

Analisando a situação de outro ângulo, você responderá à pergunta *como*. Como nós em Gaia ficaremos na vanguarda da produção e venda rentável de equipamentos de perfuração? Resposta: avançando pelos caminhos abertos, mas direcionais, indicados pelos nossos objetivos — melhorar a qualidade, aumentar a cota de mercado e criar produtos.

Você notará que Gaia está tomando a mudança pela mão antes que ela a agarre pela garganta. A mudança é talvez o fator mais importante que requer liderança em vez de mera gestão.

Dica

Lembre-se da importância do "porquê" e do "como", ao definir uma tarefa para sua equipe. "O quê" não é suficiente.

Checklist: Definição da tarefa

	Sim	Não
Você está a par dos objetivos do seu grupo no momento e nos próximos anos e meses. Acordou-os com o seu chefe?	☐	☐
Você compreende os objetivos mais amplos e o propósito da organização?	☐	☐
Você pode relacionar os objetivos do seu grupo com essas intenções maiores e mais gerais?	☐	☐
O seu objetivo principal atual tem especificidade suficiente? É definido em termos de tempo? É tão concreto ou tangível quanto possível?	☐	☐
O grupo será capaz de saber por si próprio se vocês tiveram sucesso ou falharam? Há um feedback rápido dos resultados?	☐	☐

Líderes em todos os níveis devem estimular um senso de direção. "Visão" significa ver para onde você está indo. Aliado a algum pensamento criativo, ela pode fornecer uma nova direção para um grupo ou uma organização. A mudança sempre traz a necessidade de pensar muito bem em seu propósito, assim como em suas metas e seus objetivos. Esse tipo de pensamento é a principal responsabilidade dos líderes estratégicos, mas, se eles forem sábios, também envolverão seus líderes operacionais e de equipe nesse processo. Você precisa entender os motivos de cada meta que está sendo solicitado a alcançar (veja 'Checklist: Definição da tarefa').

FUNÇÃO DOIS: PLANEJAMENTO

Planejar significa construir uma ponte mental de onde você está para onde você quer ir. O planejamento atende à necessidade do grupo de realizar sua tarefa respondendo à pergunta *como*. Mas esta logo leva a "Quando isso ou aquilo tem que acontecer?" e "Quem faz o quê?"

Do ponto de vista da liderança, a questão-chave é até que ponto você mesmo deve fazer o plano e até que ponto deve compartilhar a função de planejamento com sua equipe. Mais uma vez, há aqui uma distinção entre liderança e gestão, pelo menos na sua forma mais antiga. F.W. Taylor, fundador da "gestão científica", popularizou a ideia de que as coisas iam melhor quando havia uma clara divisão entre o trabalho — como desenvolver dispositivos, por exemplo — de um lado, e as funções de planejamento e controle de outro. Estas últimas eram reservadas para os gerentes e supervisores. Concorda?

Há uma maneira útil de ver a função de planejamento como um bolo que pode ser cortado em diferentes proporções, como ilustrado na Figura 4.3. Do ângulo da liderança, as vantagens de se mover para o lado direito da sequência são consideráveis. Quanto mais as pessoas partilham decisões que afetam suas vidas profissionais, mais motivadas estão para realizá-las. Essa é uma faceta do que tem sido chamado de "empoderamento", que significa dar a alguém o poder ou autoridade para fazer algo.

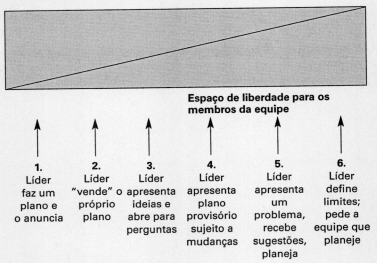

Figura 4.3 *A sequência do planejamento*

Por outro lado, você notará que quando trabalha na extrema direita da sequência, perde o controle sobre o resultado. A equipe pode fazer um plano que, apesar de atender aos critérios que você identificou, não é da maneira que você mesmo teria feito. Consegue viver com isso?

> **Dica**
>
> Antes de planejar uma tarefa, considere a continuidade do planejamento e o impacto na sua equipe e, em seguida, tome uma decisão ativa.

Agir na sequência do planejamento depende de vários fatores-chave, notadamente, o tempo disponível para a preparação e o nível de competência dos membros da equipe. Não há nenhum "estilo" certo. Os melhores líderes são coerentes — você sabe o que esperar deles, que são previsíveis em muitos aspectos. Mas quando se trata de tomada de decisões, eles são infinitamente flexíveis. Assim, um bom líder, trabalhando com indivíduos ou equipes, operará em diferentes pontos da escala ao longo de um dia.

Dica

Ao considerar a mudança em um plano, você pode pensar sobre o impacto de sua decisão. É possível utilizar a função "Planejamento: Ferramenta de impacto da decisão", presente no apêndice para ajudá-lo.

Uma vez iniciado o trabalho sobre o plano, pode ser necessário revê-lo ou adaptá-lo em função das circunstâncias. Mais uma vez, você deve traçar um caminho intermediário entre a necessidade perene de flexibilidade à medida que a mudança se desenrola e certa persistência ou tenacidade em manter o projeto acordado. Certamente, permitir muitas mudanças desnecessárias pode, por si só, gerar confusão. Como diz o provérbio militar, "Ordem — contra-ordem — desordem".

Exercício

Você consegue pensar em um gestor de linha que lhe pediu para fazer alguma coisa, depois mudou de ideia e depois a retomou? Como você se sentiu? Teve algum impacto na equipe como um todo?

Em resumo, o planejamento é uma atividade-chave para qualquer equipe ou organização. Requer uma busca por alternativas, e isso é melhor realizado de forma aberta, encorajadora e criativa. As contingências previsíveis devem ser sempre planejadas.

Dica

Ao avaliar a eficácia do seu plano, verifique o quê, por quê, quando, como, onde e quem. Caso pule esta etapa, mais trabalho pode ser necessário.

Os planos devem ser testados...

Checklist: Planos de teste

	Sim	Não
Já pedi aconselhamento a um especialista?	☐	☐
Todos os cursos de ação viáveis foram considerados e ponderados em termos de recursos necessários/disponíveis e resultados?	☐	☐
Foi estabelecido um programa que permita atingir o objetivo?	☐	☐
Existe uma provisão para contingências?	☐	☐
Foram procuradas mais soluções criativas como base para o plano?	☐	☐
O plano é simples e o mais infalível possível, em vez de complicado?	☐	☐
O plano inclui o treinamento necessário de preparação da equipe e de seus membros?	☐	☐

FUNÇÃO TRÊS: BRIEFING

O briefing é a função de comunicar objetivos e planos à equipe. Geralmente é feito de forma presencial, mas não é raro que ele seja realizado por e-mail, telefone ou videoconferência.

Como todas as funções, o briefing pode ser feito com habilidade, pois há uma maneira correta de brifar um grupo e uma maneira errada. Esta etapa, de fato, faz parte de uma habilidade muito maior: comunicação eficaz. Veja a Tabela 4.1 para algumas orientações.

Tabela 4.1 Comunicação eficaz

Esteja preparado	Ensaiar e praticar. Certifique-se de que tem algumas ajudas visuais de aspecto profissional: "Uma imagem vale mais do que mil palavras." Infográficos podem ser muito úteis ao resumir estatísticas e dados.
Seja claro	Verifique o que é dito, se é vago, ambíguo ou confuso — deixe que os políticos falem assim!
Seja simples	Reduzir a matéria complicada à sua forma mais simples sem simplificar demasiadamente. Evite linguagem técnica ou jargão que o seu público não entenderá.
Seja animado	Colorir a sua mensagem com entusiasmo, confiança e humor. Torne-a viva, excitante, desafiadora e divertida.
Seja natural	Você não precisa ser um grande orador. Seja você mesmo.

Se você estiver fazendo um briefing por escrito, precisará ter muito cuidado para garantir ele seja claro. Concentre-se em ser compreendido. Florence Nightingale era uma mulher bem-educada e uma autora capaz, apesar de muitas de suas publicações terem sido escritas numa linguagem acessível a todo tipo de leitor. Ela também tinha jeito para apresentar estatísticas e dados visualmente. Considere isso ao fazer o briefing por escrito. Você já usou uma linguagem clara e simples? Já explicou algum jargão? Use recursos gráficos sempre que possível.

Dica

Lembre-se do conselho de William Penn: "Use vocabulário adequado para seu público, sempre com o menor número de palavras possível. No fim, o que importa é ser compreendido." Isto é fundamental tanto para a comunicação eletrônica quanto para a presencial.

Briefing não é algo que você faz apenas no início de um projeto e depois esquece. Especialmente se a equipe for nova ou inexperiente, você terá que repetir o objetivo e planejar à medida que o trabalho progride. É sempre uma função à espera de execução.

A comunicação é irmã da liderança. Lembre-se que ouvir tem importância. Todos têm algo a contribuir para o plano e sua execução: ideias, sugestões e informações. Um líder sabe escutar.

Sessões de briefing ou reuniões permitem que você produza um trabalho valioso em todos os três círculos, conectando pontos gerais com o assunto específico em questão. Na área de tarefas, por exemplo, você pode torná-la a ocasião para assumir o controle, dando direção e foco. Certo grau de assertividade é muitas vezes exigido dos líderes, e o grupo o aceitará, se a situação exigir. Você pode enfatizar a abordagem de equipe para a tarefa em mãos, fortalecendo assim o espírito coletivo. Você pode atender às necessidades individuais ouvindo e reconhecendo os comentários daqueles que o ajudam a alcançar os objetivos da reunião. Também pode ser uma oportunidade para enfatizar a importância da contribuição de cada um para o sucesso da empresa.

Dica

Se o briefing for eletrônico, não presuma que o conteúdo foi recebido e entendido apenas porque foi enviado. Tenha cuidado em fazer o acompanhamento das perguntas. Certifique-se de que tudo esteja claro, da mesma forma que você faria em um briefing presencial.

CONSTRUÇÃO DE EQUIPES: PENSAMENTOS QUE VALEM A PENA

Você não me conhece, eu não conheço você, mas temos que trabalhar juntos. Temos que compreender uns aos outros; temos que confiar uns nos outros. Estou aqui há apenas algumas horas, mas pelo que vi e ouvi desde que cheguei, estou disposto a dizer que tenho confiança em você. Vamos trabalhar como uma equipe. Creio que um dos primeiros deveres é criar o que eu chamo de atmosfera. Não gosto da que encontro aqui — é uma atmosfera de dúvida, de olhar para trás. Tudo isso deve cessar. Quero que todos saibam que os maus tempos acabaram e assim será. Se alguém aqui pensa que não pode ser feito, deixo-o ir imediatamente. Não quero os inseguros. Isto pode ser feito e será feito sem qualquer possibilidade de dúvida.

General Bernard Law Montgomery, extraído de sua fala para o comando do Oitavo Exército, antes da Batalha de El Alamein

Alguns dos exemplos supremos de liderança ocorrem quando um líder toma conta de um grupo desmoralizado e o regenera. A reunião inicial de briefing pode ser especialmente importante neste processo, pois as primeiras impressões são tão essenciais nas relações de trabalho quanto no amor e na amizade. A imagem que você dá às pessoas na primeira reunião ficará com elas para sempre. A tarefa pode ter que ser coberta em termos gerais se você é novo no trabalho — você pode fazer pouco mais do que apenas compartilhar seus primeiros pensamentos. Pode dividir sua visão, seu espírito de resolução e sua determinação em mudar o clima e os padrões do grupo. Isso pode exigir algumas palavras duras, e as pessoas esperarão para ver se serão apoiadas por atitudes igualmente firmes.

FUNÇÃO QUATRO: CONTROLE

O "controle" vem do latim medieval *contrarotulare* e significava, originalmente, "verificar contas". Sua origem financeira é um lembrete de que o financiamento de diferentes formas — metas de lucro e limites de gastos — é um meio importante de controle. As equipes de autogestão (que não são grupos sem líderes!) são aquelas que assumem a responsabilidade orçamental pelo planejamento e controle do seu próprio trabalho. Dentro de certos limites, elas têm critérios sobre a forma de utilizar os recursos — especialmente, o dinheiro — que lhes foram confiados para alcançar os objetivos acordados.

Controlar é garantir que toda a energia da equipe e os recursos à sua disposição estejam girando e fazendo as coisas acontecerem. Às vezes, os grupos são como máquinas a vapor antigas e ineficientes, que deixa muito de sua energia escapar como vapor sibilante para o espaço em vez de usá-la para mover o monstro de ferro para frente.

É claro que os humanos não são máquinas, e parte de sua energia durante o dia irá para discussões ou atividades não relacionadas à tarefa comum. Esse "desperdício de tempo" é aceitável, mas pode tornar-se um problema em uma equipe que não tem uma atitude realmente positiva em relação à tarefa comum.

Exercício

Angela Roberts foi nomeada, em um momento particularmente difícil, como líder de equipe em uma empresa de desenvolvimento de aplicativos. Tanto a produtividade quanto os downloads estavam caindo, as reclamações sobre a qualidade aumentavam e o moral estava especialmente baixo. Ela notou um sintoma do problema no seu primeiro dia no comando. Enquanto os membros da equipe passavam mais do que o período adequado em suas estações de trabalho, ela observou um tempo significativo gasto em mídias sociais, navegação na internet e atividades de tela não relacionadas ao trabalho. "Você tem um problema de controle", disse a si mesma. E, sendo uma boa líder, por exemplo e palavra, ela logo estabeleceu um novo padrão. O que poderia ter acontecido se a Angela não tivesse identificado o problema de controle? O que você acha que "por exemplo e palavra" significa?

É o instinto natural dos líderes (talvez, em contraste com os gerentes) de confiar tanto quanto possível no autocontrole e na autodisciplina dos outros. Quanto melhor a equipe e seus membros, mais você pode fazer isso. A questão sobre autodisciplina é que é a única maneira de sermos controlados e livres. Se nos for imposto controle — como, por vezes, ocorre —, perdemos sempre o elemento liberdade. A liderança só existe se for entre pessoas livres e iguais e, portanto, em última análise, um grande elemento de autocontrole é um elemento necessário da liderança. Se um grupo ou equipe, organização ou comunidade não tem isso, então eles também estão inadvertidamente roubando de si mesmos a oportunidade de experimentar a liderança, em oposição à gestão.

O sucesso em dirigir, regular, restringir ou encorajar os esforços individuais e da equipe na tarefa (e nas reuniões) é o critério para testar a eficácia de um líder como controlador.

Dica

Lembre de considerar as necessidades individuais e da equipe ao lidar com uma questão de controle. Reflita sobre a experiência de Miguel no capítulo três. Embora as questões de controle devam ser abordadas, muitas vezes, têm que ser tratadas com cuidado.

Checklist: Testando habilidades de controle

	Sim	Não
Será que mantenho um equilíbrio entre controlar com muita força e dar muita liberdade à equipe?	☐	☐
Sou capaz de coordenar o trabalho em curso, reunindo todas as partes adequadamente?	☐	☐

	Sim	Não
No trabalho técnico, asseguro que as necessidades individuais e da equipe sejam atendidas?	☐	☐
As reuniões que presido duram mais do que o tempo previsto em cada tópico?	☐	☐
Tenho orçamentos adequados e formas de monitorar o desempenho real?	☐	☐
Os clientes avaliam os sistemas de controle da minha organização para:		
— qualidade do produto/serviço?	☐	☐
— entrega?	☐	☐
— custos?	☐	☐
— segurança?	☐	☐

Uma vertente essencial do conceito de gestão, e que muitas vezes é negligenciada na liderança, é muito relevante. A gestão implica a utilização eficiente e eficaz dos recursos. Nestes tempos de insumos escassos — tempo, dinheiro e material das pessoas em todas as suas formas —, o seu uso econômico é um imperativo para todos aqueles que ocupam papéis de liderança organizacional ou comunitária. Bons líderes serão gerentes no sentido em que lidam cuidadosamente e gastam a efetivamente os recursos à sua disposição. Eles obtêm o máximo de resultados com o mínimo de insumos.

FUNÇÃO CINCO: AVALIAÇÃO

Como já vimos, uma parte fundamental da definição da tarefa é o estabelecimento dos *critérios de sucesso* — por meio dos quais saberemos se estamos perto do objetivo ou, pelo menos, avançando na sua direção geral. A avaliação, no entanto, é muito mais ampla do que isso. É a parte do pensamento prático que tem a ver com valores.

O sucesso tem a ver com valores, em última análise, com os da organização ou do indivíduo. O desempenho tem que ser julgado em relação a esses valores, que, geralmente, estão implícitos no propósito da instituição. Ele atende ao círculo de necessidade de tarefas, porque as pessoas precisam saber onde estão em relação ao resultado a que se destinam.

Consequentemente, avaliar ou rever não é algo que você, como líder, deixe para o momento final. Sempre que comentar sobre o progresso — ou a falta dele — ou convidar a equipe a considerar os critérios de sucesso acordados, você está desempenhando a função de avaliar.

Por ser uma função mental importante, o ato de valorizar ou avaliar desempenhará um papel crucial na sua tomada de decisão. Quando você estuda as possíveis consequências de uma definição, por exemplo, está avaliando. Mas você também avalia nos outros dois círculos: a equipe e o indivíduo.

Por que avaliar a equipe ou fazer com que ela avalie as suas formas de trabalhar em conjunto? Porque essa é a principal maneira de *fortalecê-la* ou desenvolvê-la. Nenhum grupo é perfeito. Muitos são bons, alguns são muito bons e, em número ainda menor, poucos são excelentes. Veja a Tabela 4.2 para alguns dos critérios ou características de uma equipe excelente e de alto desempenho.

Tabela 4.2 Critérios de uma equipe de alto desempenho

Objetivos claros e realistas	Todos sabem quais são os objetivos da equipe e qual é o seu papel no plano.
Sentido de propósito compartilhado	Com isso não quero dizer que cada membro pode recitar a declaração de missão da organização, mas que você experimenta o que os engenheiros chamam de "vetor": direção mais energia.
Melhor utilização dos recursos	Todos os recursos pertencem à equipe e são colocados à disposição de acordo com a prioridade.

Tabela 4.2 *continuação*

Atmosfera de abertura	Há uma excelente comunicação bidirecional entre o líder e os membros, e entre os membros. As pessoas podem falar abertamente, sem medo de serem consideradas críticas. Tudo o que importa é assegurar que sejam tomadas as melhores decisões.
Compreensão das falhas	O sucesso costuma ser encontrado à beira do fracasso. Uma equipe de alto desempenho rapidamente se destaca após uma falha, aprende as lições e sai na frente.
Superação de crises	O teste de uma equipe de alto desempenho vem sempre no período de crise. A verdadeira avaliação do trabalho em equipe está na situação de dificuldade, demanda e mudança.

Quando se trata de trabalho em equipe, lembre que o sucesso muitas vezes gera fracasso. As equipes bem-sucedidas, às vezes, tornam-se superconfiantes, até arrogantes, e é aí que começam a cometer erros "abaixo da linha d'água", aqueles que podem afundar sua organização. O preço da excelência no trabalho em equipe é a eterna vigilância. O exemplo da Nokia, superada pelo iPhone da Apple após décadas no topo da indústria do setor, é frequentemente citado como um exemplo. Havia, sem dúvida, outros fatores em jogo, bem como a complacência, mas continua a ser um exemplo interessante da ascensão e queda de uma empresa bem-sucedida.

Como líder, você deve ter um relacionamento com cada membro da equipe — um relacionamento similar mas diferente — assim como com a equipe de maneira geral. Isso envolverá saber falar e ouvir. Suas observações e conversas podem levá-lo a assumir o papel de facilitador e conselheiro.

> **Dica**
>
> Ao filósofo grego Epiteto é atribuído a fala de que temos dois ouvidos e uma boca para que possamos ouvir duas vezes mais do que falar. Lembre disso quando ouvir sua equipe.

Se você trabalha para uma organização, pode muito bem ter que avaliar cada membro da sua equipe. Analisar o desempenho individual é, na verdade, uma expressão natural da liderança. Se for formal ou sistematizado, você deve tomar medidas para evitar que a avaliação se torne uma rotina burocrática. Se a sua instituição utiliza um sistema de avaliação digital, certifique-se de ter recebido treinamento sobre como operar o sistema corretamente antes de embarcar no processo.

> **Dica**
>
> Nunca faça uma avaliação sem se preparar cuidadosamente. Certifique-se de que o feedback seja claro, medido e justo, e esteja preparado para qualquer dúvida que o membro da sua equipe possa ter.

FUNÇÃO SEIS: MOTIVAÇÃO

Se a comunicação é irmã da liderança, a motivação é o irmão. "Motivação" vem de *"movere"*, "mover" em latim.

Há, naturalmente, uma variedade de maneiras de mover as pessoas: você pode ameaçá-las com punições ou induzi-las com recompensas financeiras. Embora motivar os outros dessa forma caia na bússola da liderança e da gestão, isso não é característica dela.

Sei que uma das coisas que os líderes devem fazer é motivar as pessoas por meio de uma combinação de recompensas e sanções. Pensamentos mais recentes sugerem que nos motivamos, em grande medida, respondendo a necessidades interiores. Como líder, você deve entender essas necessidades nos indivíduos e como elas operam, para que você possa trabalhar a favor da natureza humana e não contra ela.

Neste campo, como nos outros, é útil ter um mapa de esboço. O conceito de hierarquia de necessidades de A.H. Maslow ainda é valioso (veja Figura 4.4). Ele sugeriu que as necessidades individuais são organizadas em uma ordem de preponderância: o mais forte no fundo e o mais fraco (mais humano) no topo. A hierarquização das necessidades é explicada mais detalhadamente na Figura 4.5.

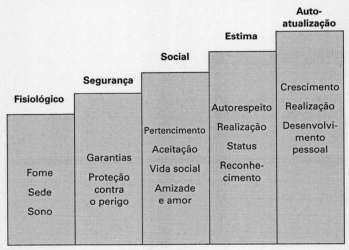

Figura 4.4 *A hierarquia de necessidades*

Maslow faz duas observações interessantes:

1. Se uma das nossas necessidades mais fortes for ameaçada, descemos os degraus da hierarquia para defendê-la. Você não se preocupa com o status (veja "estima"), por exemplo, se estiver passando fome. Assim, se você parece ameaçar a segurança das pessoas com as alterações propostas, então, como líder, espere uma resposta bem protetiva.

2. **Uma demanda satisfeita deixa de motivar.** Quando uma área de necessidade é atendida, as pessoas em questão tomam consciência de outro conjunto de necessidades dentro delas. Estas, por sua vez, começam agora a motivá-las.

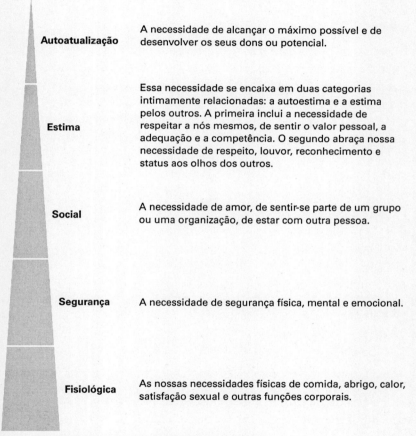

Figura 4.5 *Hierarquia de necessidades explicada*

Há obviamente muitos fatores nesta teoria. Quando as necessidades fisiológicas e de segurança, em particular, são satisfeitas, passam a não nos mover tão fortemente. A sede do Google adotou uma abordagem inovadora para garantir que as necessidades fisiológicas das equipes fossem satisfeitas e que os funcionários tivessem sempre acesso gratuito a alimentos e a áreas de descanso e sesta. Até que ponto esse princípio se estende na hierarquia é uma questão a ser discutida.

Exercício

Para ajudar você a pensar sobre a motivação da sua equipe, reserve algum tempo para refletir sobre as suas próprias necessidades e como elas o afetam durante um dia de trabalho.

Mantenha uma tabela de contagem aproximada usando a tabela abaixo, para anotar qualquer ponto em que você se torne consciente de si mesmo pensando ou sentindo qualquer uma das necessidades identificadas por Maslow em sua teoria.

Necessidade	Contagem
Fisiológica	
Segurança	
Social	
Estima	
Autoatualização	

Reflita sobre estes pontos no final do dia. A sua motivação foi afetada? Em caso afirmativo, como?

Os resultados foram surpreendentes? Se sim, por quê?

A teoria de Maslow e outras abordagens baseadas nela são, sugiro, apenas uma meia verdade. Cinquenta por cento da nossa motivação vem de dentro de nós, à medida que o nosso padrão único de necessidades individuais se desdobra dentro de nós mesmos e nos aponta em certas direções. Mas os outros cinquenta por cento vêm de fora, em especial da liderança que encontramos. Não garanto que seja exatamente meio a meio, é apenas uma forma de dizer que uma parte muito significativa da nossa motivação está além de nós. Portanto, como líder, você pode ter um efeito imenso sobre as pessoas ao seu redor. Como? Leia a caixa a seguir "Princípios-chave para motivar os outros".

Inspiração não é o mesmo que motivação. "Inspirar" significa "respirar" — 'inspiração' é um primo de "respiração", que, no passado, foi pensada como sendo vida —, a respiração de Deus. Assim, toda inspiração foi, originalmente, divina, e a própria liderança — pelo menos, em suas formas mais notáveis —, um dom sagrado.

O que há em um líder que inspira você? Entusiasmo, por exemplo, capacidade profissional — há muitas vertentes. Mas a inspiração não é encontrada apenas no líder: a situação e as outras pessoas envolvidas também contribuem para levantar os ânimos e elevar os espíritos.

Você já refletiu sobre o quão afortunado é por trabalhar com uma equipe de pessoas que têm essas sementes de grandeza nelas? Sua tarefa é localizá-las, liberá-las e canalizá-las.

Princípios-chave para motivar os outros

- *Motive-se*. Se você não está totalmente comprometido e entusiasmado, como você pode esperar que os outros estejam?

- *Selecione pessoas que sejam altamente motivadas*. Não é fácil animar os relutantes. Escolha aqueles que têm as sementes de alta motivação dentro deles.

- *Estabeleça metas realistas e desafiadoras*. Quanto melhor a equipe e seus membros individuais, mais eles responderão aos objetivos que os esticam, desde que sejam realistas.

- *Lembre-se que o progresso motiva*. Se você não der feedback às pessoas sobre como elas estão progredindo, logo as desmotivará.

- *Forneça recompensas justas*. Não é fácil. Você recompensa toda a equipe, cada indivíduo ou ambos? De qualquer forma, a percepção de recompensas injustas certamente funciona contra a motivação.

- *Dê reconhecimento*. Isto não lhe custa nada, mas o louvor e o reconhecimento baseados no desempenho são o oxigênio do espírito humano.

FUNÇÃO SETE: ORGANIZAÇÃO

Da mesma forma que a linguagem das qualidades de liderança é um pouco imprecisa — perseverança, tenacidade e rigidez significam, por exemplo, quase a mesma coisa — a linguagem das funções também é turva. Organizar é a função de arranjar ou formar um todo coerente. Também pode significar um planejamento sistemático, mas esse é um assunto que já cobrimos. Abrange a estruturação — ou reestruturação — que tem de ser feita para que as pessoas possam trabalhar em equipe, com cada elemento desempenhando a sua parte em um todo eficaz. É possível, por exemplo, dividir um grupo maior em subgrupos.

À primeira vista, você pode pensar que a organização pertence mais aos níveis estratégicos e operacionais de liderança, do que a um líder de equipe. Você provavelmente tem razão no que diz respeito a fatores como o tamanho e a estrutura de seu grupo, ou suas relações com outros da organização. Mas sugiro que a função organizadora diga respeito mais do que à estruturação ou reestruturação da arquitetura das empresas. O que significa ser descrito como um "bom organizador"?

Muito do terreno aqui já foi coberto, como ser claro sobre os objetivos, fazer um plano viável e estruturar o grupo de modo a facilitar a comunicação bidirecional, o trabalho em equipe e a medida apropriada de controle. Mas há três outros aspectos a considerar:

1. Sistemas.
2. Administração.
3. Gestão do tempo.

Sistemas

Os organizadores tendem a organizar as coisas introduzindo sistemas. Um "sistema" é quase um sinônimo para uma "organização": um conjunto de partes que compõem um todo. Mas também pode se referir a *processos* — formas ordenadas de fazer as coisas — e a estruturas sociais.

Você não pode executar nada sem um sistema: de produção, de venda, financeiro e assim por diante. Em grandes organizações há uma variedade enorme, como de avaliação e de controle de qualidade. A maioria das instituições terá tecnologia no local para apoiar todos os principais sistemas e fluxos de trabalho.

Um bom líder entende a importância e o valor dos sistemas. É impossível pensar em organizações que não tenha os mais variados tipos ou formas definidas de fazer as coisas, embora nem sempre sejam imediatamente aparentes. Líderes competentes respeitam e trabalham por meio de sistemas, mudando-os se necessário. Mas eles não estão presos por eles, como prisioneiros acorrentados. Eles sabem quando um sistema está prestes a se tornar contraproducente.

Dica

Se o treinamento dos sistemas estiver disponível, certifique-se de que você e sua equipe tenham tempo para aprender a usá-los corretamente.

Além disso, cada sistema — se você pensar sobre ele — requer trabalho em equipe para torná-lo eficaz. Assim, voltamos à metafunção central da liderança: construir e manter a equipe. Já reparou, também, que os sistemas não aprendem? Só as pessoas aprendem! Com efeito, deixados à sua sorte, os sistemas, ou o equivalente digital, estão sujeitos a uma das leis da termodinâmica: degradam-se e atrofiam-se. Para manter o sistema — a própria essência de um corpo corporativo — em forma e saudável, é necessária uma liderança eficiente em todos os níveis.

Exercício

Liste até cinco sistemas estabelecidos que são importantes para o trabalho da sua equipe. Avalie a eficácia de casa sistema de forma geral.

Sistema	Classificação 1-5 (1 sendo o mais baixo, 5 o mais alto)

Existem sistemas que não operam mais com a mesma eficácia que você gostaria? Existe algum escopo para você melhorar a maneira que eles trabalham?

Administração

A administração está geralmente ligada às competências de gestão e não às de liderança. Você pode ter conhecido um líder que que tinha espírito empreendedor, entusiasmo e unidade, um motivador dos outros, mas que era inútil como organizador e administrador. Com efeito, "administração industrial" foi outrora o nome daquilo a que hoje chamamos "gestão". A única relíquia desses dias é o mba (Master of Business Administration).

A administração, como todos sabemos, envolve papelada e preocupa-se sobretudo com a gestão cotidiana das coisas. Inclui a administração financeira de vários tipos e níveis.

Dica

Lembre que a administração é sempre secundária em relação às outras coisas. É uma função de servo. Ministro é a palavra latina para "servo", vem do familiar *minus*, "menos" (em oposição a *magister*, "mestre", derivado de *magis*, "mais"). Mantenha o nível de administração que você desempenha como líder na proporção certa para suas outras responsabilidades.

Antigamente, quando as organizações estavam com excesso de pessoal, você como líder (codinome *mestre*) poderia delegar todas as tarefas administrativas para sua equipe. Hoje, os líderes — equipados com tecnologia na ponta dos dedos — muitas vezes terão que fazer muito mais afazeres administrativos do que no passado, especialmente no nível de líderes de equipe. Portanto, ser um bom administrador agora faz parte de ser um bom líder.

Assumir esta responsabilidade administrativa de liderança é uma forma de se tornar um bom facilitador, pois você libera a equipe e seus membros individuais para serem eficazes, criativos e inovadores. Isso não significa que você deva fazer toda a administração, longe disso. É preciso delegar para se ter tempo para pensar e liderar. Mas você deve cuidar da administração que não pode ser delegada (seja por causa de sua natureza ou porque você não tem alguém para delegá-la), dando um bom exemplo. Se você se atrasar e for descuidado com o trabalho burocrático, como pode esperar que os outros sejam eficientes com o seu?

Dica

Assegure-se de que seu time tenha excelente reputação na resolução das questões administrativas. Isto se refletirá em você como líder e no rendimento da equipe inteira.

Por último, ver-se em parte como um administrador ajuda a criar um verdadeiro trabalho de equipe na organização. Pois você apreciará cada vez mais as contribuições daqueles que estão na "sala dos fundos" da empresa, aqueles que são principalmente administradores. O trabalho deles pode ser mais mundano e nos bastidores, mas é vital para o sucesso da organização como um todo e de sua equipe em particular. Lembre-se de partilhar o seu sucesso com os membros invisíveis da sua equipe!

Gerenciamento de tempo

Os líderes precisam de tempo para pensar, para as pessoas — clientes, *stakeholders*, membros da equipe — e para expandir o negócio. Portanto, eles devem ser gestores qualificados do próprio tempo. Se você não consegue se organizar, como pode gerenciar alguém ou qualquer outra coisa? Administrar esse recurso escasso, o próprio tempo, é prioridade para qualquer líder.

Exercício

Mantenha um registro de como você gasta seu tempo durante um período de duas semanas, se possível, com um gráfico a cada meia hora no trabalho. Então coloque um "T" para tarefa, "ME" para a manutenção da equipe e "I" para as necessidades individuais ao lado de cada item. É claro que você pode colocar mais de um desses código ao lado de cada item.

Este exercício fornecerá uma ideia de quanto do seu recurso principal — o tempo — não está sendo gasto no seu papel principal de líder.

Pergunte-se: "Para o que sou pago?"

A gestão do tempo é composta pela aplicação de princípios subjacentes — propósito, metas e objetivos, por exemplo —, políticas e dicas práticas. Aprender a dizer não, o que parece tão simples, pode poupar muito tempo.

Checklist: Teste a capacidade da sua função de organização

	Sim	Não
Você pode organizar sua vida pessoal e empresarial de forma mais eficiente como líder?	☐	☐
Consegue delegar o suficiente?	☐	☐
Você consegue identificar melhorias em seu gerenciamento de tempo?	☐	☐
Equipe		
O tamanho e a montagem estão corretos?	☐	☐
Deve ser elaborada uma subequipe?	☐	☐
Existem oportunidades e procedimentos para garantir a participação na tomada de decisão?	☐	☐
Você reestrutura e muda os postos de trabalho dos indivíduos conforme a necessidade?	☐	☐
Organização		
Você tem uma ideia clara de seu propósito e como as partes devem trabalhar juntas para alcançá-lo?	☐	☐
Existem sistemas eficazes de formação, recrutamento e demissão?	☐	☐
Você realiza pesquisas sobre o tamanho das equipes, número de níveis de liderança, crescimento de complexidade desnecessária, cooperação entre linhas e equipes e sistemas de comunicação que funcionam adequadamente?	☐	☐
Você é bom em administração, reconhecendo o desempenho dos administradores e garantindo que os sistemas administrativos facilitem o desempenho de equipes e indivíduos?	☐	☐

FUNÇÃO OITO: DAR O EXEMPLO

"A liderança é um exemplo", disse-me uma vez alguém. É impossível pensar em liderança sem um modelo que a inspire. Ele pode ter muitas formas, mas tem de estar lá.

No contexto da comunicação, você pode pensar em exemplo como um veículo principal para comunicar uma mensagem por meio da "linguagem corporal" ou comunicação não verbal. Ou, como diz o provérbio moderno da administração, é preciso "praticar o discurso".

Um pequeno curso sobre liderança

As seis palavras mais importantes:
"Eu admito que cometi um erro."

As cinco palavras mais importantes:
"Eu estou orgulhoso de você."

As quatro palavras mais importantes:
"Qual a sua opinião?"

As três palavras mais importantes:
"Se você puder."

As duas palavras mais importantes:
"Muito obrigado."

A palavra mais importante:
"Nós."

E a última palavra, e a menos importante:
"Eu."

Lembre que você não pode evitar ser um exemplo, porque as pessoas que trabalham ao seu lado sempre observarão o que você é e o que você faz, bem como o que diz. "Um treinador demorará seis meses para conhecer a sua equipe", diz um preceito japonês, "mas seus membros demorarão apenas seis dias para conhecê-lo". Exemplo, por outras palavras, é apenas você. Fica a seu critério se será um exemplo bom ou ruim.

Exercício

Pense na sua carreira e veja se você pode identificar duas pessoas que têm sido exemplos surpreendentes de liderança boa e ruim. Liste no papel as formas não verbais em que esses exemplos foram expressos. Quais foram, em cada caso, os efeitos sobre você? Os outros repararam no exemplo? Que efeitos ele teve no grupo e na organização?

Em geral, notamos o exemplo ruim mais do que o bom. É o que chama mais a nossa atenção. É sempre um prazer ver um modelo positivo, mesmo que outros pareçam insensíveis a ele. É sempre um sinal de integridade: aquela que une o que você diz com o que faz. Um hipócrita não está sendo um exemplo nem expressando integridade. "Não faças como alguns desses pastores que aconselham aos outros o caminho do céu, cheio de abrolhos, enquanto eles seguem ledos a estrada dos prazeres, sem dos próprios conselhos se lembrarem", escreveu Shakespeare. Assim o é.

Antigamente, o papel do pastor era um modelo de liderança. Ele — ou ela, porque tanto mulheres como homens pastoreavam os animais — precisava conduzir o seu rebanho em uma viagem para o pasto (tarefa), mantê-lo unido como uma unidade quando o lobo o ameaçava (manutenção de equipe) e cuidar de cada ovelha (necessidades individuais). A palavra "bom" na frase do Novo Testamento "Eu sou o bom pastor" significa no grego original "hábil" ou "competente", não "bom" no sentido moral.

Checklist: Teste se você deu um bom exemplo

	Sim	Não
Você pede aos outros que façam o que você não estaria disposto a fazer?	☐	☐
As pessoas comentam o exemplo bom que você deu no seu trabalho?	☐	☐
Seu exemplo ruim entra em conflito com o que todos estão tentando fazer?	☐	☐
Pode citar a última vez que se propôs a dar um exemplo a ser seguido?	☐	☐
Consegue pensar em maneiras de liderar pelo exemplo?	☐	☐
Você menciona a importância do exemplo para os líderes de equipe que se reportam a você?	☐	☐

Como já mencionei, há uma diferença entre "liderança boa" e ser um "líder do bem", embora não seja uma distinção em que eu queira insistir demasiadamente. Você devia estabelecer a meta de ser ambos. Apenas a "liderança para o bem" funciona com a natureza humana a *longo prazo*.

O que é um *exemplo bom*? Novamente, o modelo de três círculos pode nos ajudar. Veja no quadro "Questões-chave para uma boa liderança" a seguir.

Uma forma muito poderosa de liderar pelo exemplo é compartilhar as dificuldades, as privações e os perigos vividos pela equipe. O que você pensa do diretor executivo e do conselho de administração de uma empresa em dificuldades que votou a favor do próprio aumento salarial de sessenta por cento enquanto reduzia a mão de obra e insistia que os trabalhadores restantes aceitassem apenas 2 por cento (menos do que a taxa de inflação)?

Questões-chave para uma boa liderança

- *Tarefa*. A ação central de sair na frente na jornada para mostrar o caminho é uma forma de liderar pelo exemplo. Como você pode "liderar na frente" no seu campo?
- *Equipe*. Como construtor e mantenedor da equipe, você precisa preservar ou mudar os padrões do grupo — as regras invisíveis que mantêm os grupos juntos. Como você pode desenvolver os padrões da sua equipe por meio do poder do exemplo?
- *Individual*. Pense em cada membro da equipe como um líder por direito próprio. Cada um deve ser um líder na sua função técnica ou profissional e um contribuinte dos "três círculos".

Você pode ver agora a importância desta função de fornecer um exemplo, mas isto pode ser feito com habilidade? À primeira vista, não, pois a habilidade implica uma aprendizagem consciente de uma arte. Dar um exemplo a fim de influenciar os outros parece ser bastante manipulativo. É por isso que falo em *prover* um exemplo, em vez de *dar*. Pois você pode prover de forma inconsciente, como uma expressão de quem você é, em oposição a algo realizado para um efeito cuidadosamente calculado. Se o exemplo se torna um hábito, você não pensará sobre isso — muito menos irá felicitar-se por ser um bom líder!

Se você liderará pelo exemplo, tanto quanto por outros meios, vai precisar de, pelo menos, modéstia, se não humildade — a mais rara de todas as qualidades de liderança, encontrada apenas nos melhores. O filósofo chinês Lao Tzu resumiu a questão no século vi antes da era cristã:

Um líder é o melhor
Quando as pessoas mal sabem que ele existe;
Não tão bom quando as pessoas obedecem e clamam por ele;
Pior quando o desprezam.
Se não honrarem as pessoas,

Elas não vos honrarão.
Mas de um bom líder, que fala pouco,
Quando o seu trabalho está feito, o seu objetivo cumprido,
Todos dirão: "Fizemos isto nós mesmos."

E talvez um dia acrescentem sobre você como líder: "E você fez a diferença." Essa é a verdadeira recompensa da liderança.

Exercício

Ao lembrar da Figura 4.1 e pensar no que aprendemos sobre cada uma das funções de liderança, avalie suas habilidades para cada uma delas na tabela abaixo.

Função de liderança	Classificação 1-5 (1 sendo o mais baixo, 5, o mais alto)
Definição da tarefa	
Planejamento	
Briefing	
Controle	
Avaliação	
Motivação	
Organização	
Dar o exemplo	

As áreas com as classificações mais baixas podem ser aquelas em que você precisa melhorar mais ou as que tem menos confiança. Você pode pensar em algum exemplo de onde executou bem essas funções? Se assim for, a questão pode ser mesmo de confiança. De qualquer forma, reflita sobre como você pode melhorar sua habilidade e/ou confiança no futuro.

Dica

A ferramenta que você usou para o exercício anterior está no apêndice. Repita este exercício em três meses, e três meses depois disso. Isso o ajudará a rever o seu progresso no domínio das funções de liderança e a desenvolver uma mentalidade de melhoria contínua.

Resumo

- Há oito funções de liderança principais que são centrais para uma liderança bem-sucedida. Elas operam nas três áreas de necessidade (tarefa, equipe e indivíduo) e em três níveis diferentes de impacto (liderança de equipe, liderança operacional e liderança estratégica).
- Definição da tarefa: isto vai além da mera definição de objetivos. Um líder estabelece objetivos (o quê), explica a motivação que apoia esses objetivos (o porquê) e define o caminho e as direções para se chegar lá (o como), além dos critérios de sucesso.
- Planejamento: concentra-se em como a tarefa será concluída. Mas esta função precisa ser avaliada cuidadosamente à luz de quão envolvida a equipe pode estar no planejamento e quão bem o plano está sendo implementado de acordo com as circunstâncias e revisões estratégicas.
- Briefing: envolve a comunicação de objetivos e planos à equipe. Um grande líder contará com habilidades eficazes de falar em público para comunicar continuamente o briefing à sua equipe — tornando-o natural, envolvente e claro.
- Controle: envolve direcionar, regular, conter e incentivar com sucesso os esforços individuais e em equipe para concluir a tarefa.

- Avaliação: isto envolve o líder ativamente na tomada de decisões sobre o sucesso da equipe à luz dos valores da organização, bem como no julgamento contínuo de quais partes do todo precisam de encorajamento e *coaching*.
- Motivação: para conseguir incentivar os outros como líder, você terá que entender as necessidades internas dos indivíduos e como elas operam, de modo que possa conceder sua influência externa e inspiração de uma maneira que eles as absorvam.
- Organização: isso inclui não só a estruturação de pessoas em equipes e grupos, mas também a implementação de sistemas de processos, a gestão de tarefas administrativas e a administração adequada de recursos de tempo.
- Dar o exemplo: apresentar-se e agir de tal forma que você dê um exemplo de como influenciar positivamente a tarefa, a equipe e os níveis individuais da organização.

5
COMO SER UM LÍDER MELHOR

Muito da minha vida profissional tem sido gasta na tentativa de que as organizações desenvolvam seus próprios líderes. Nesse trabalho, como uma vez ouvi um bispo dos Estados Unidos dizer, já tive sucesso suficiente para evitar o desespero e fracasso suficiente para me manter humilde. Mas, a partir da experiência e da observação, preciso dizer que a maioria dos bons líderes emerge e cresce *apesar* de suas empresas e não *por causa* delas. Além disso, você provavelmente trabalhará para uma série de locais diferentes em sua carreira, então nenhum deles estará tão comprometido com seu desenvolvimento a longo prazo quanto você. Assim, como se desenvolver como um líder?

Não há nenhum sistema ou conjunto de sistemas infalível, creio eu. Você é uma pessoa única, com um caminho único de liderança a percorrer. Ninguém pode ensiná-lo o caminho, você terá que encontrá-lo sozinho. Se fosse fácil, muito mais pessoas em cargos ou posições de liderança apresentariam as habilidades tratadas neste livro, mas não é o caso.

Tudo o que posso fazer é partilhar algumas sugestões práticas e reflexões que você talvez ache úteis. Espero que as considere encorajadoras, porque em uma jornada todos nós precisamos de inspiração (mesmo para escrever livros!). Como o poeta do século xviii John Collier disse: "Não são gênios, mas homens e mulheres comuns que requerem um estímulo profundo, um incentivo ao esforço criativo e a criação de grandes esperanças."

ESTEJA PREPARADO

A porta para a liderança tem "Confiança" escrita nela. Você tem que *querer* ser um líder. Começa com a vontade de assumir o comando. Se você odeia a ideia de ter a responsabilidade pelos três círculos, então a liderança não é para você. Permaneça como contribuinte individual. Como diz um provérbio húngaro, "Não se pode pôr em si aquilo que Deus não pôs lá".

> ## Dica
>
> Se você for muito novo na liderança, terá que conviver com a sensação de estar fora de sua zona de conforto enquanto desenvolve suas habilidades de liderança. Inspire-se em Melissa Mayer, ceo do Yahoo, que uma vez afirmou: "Sempre fiz algo que não estava pronta para fazer. Acho que é assim que você cresce."

Dado que você cumpre o requisito básico de uma vontade de aceitar a responsabilidade, nunca se menospreze como um potencial líder. É uma questão de se colocar no local certo e esperar pela situação certa. Lembre o famoso comentário de Louis Pasteur de que "A fortuna favorece a mente preparada". Quanto mais preparado estiver, mais confiante você se torna. Um líder ou um futuro líder sempre parece confiante, mesmo quando não está sentindo isso por dentro. As pessoas tendem a considerar a sua aparência.

> **Dica**
>
> Desenvolva sua confiança visualizando cenários de liderança de sucesso.

SEJA PROATIVO

As organizações têm um interesse no seu desenvolvimento como líder, porque eles *precisam* de líderes. Compartilhe com eles suas esperanças, intenções e ambições. Você deve buscar, acima de tudo, oportunidades para liderar, seja uma equipe ou um grupo de projeto. A experiência é um conjunto de sucessos e fracassos. Reúna ambos! Sem isso, dificilmente você crescerá como líder.

Além da promoção a um cargo de liderança, as empresas podem muito bem oferecer-lhe — talvez em resposta a um pedido seu — treinamento em liderança. Pode ser um curso interno ou externo. Não deixe essa oportunidade passar. Você será capaz de praticar suas habilidades e receber um feedback útil. Você deve, naturalmente, permanecer crítico, pois nem tudo o que se ouve nos cursos de liderança ou se lê nos livros é verdadeiro e prático. Mas é uma oportunidade fundamental para a motivação e a aprendizagem. Aceite essas ofertas.

> **Dica**
>
> Observe líderes bem-sucedidos na organização onde trabalha para ver o que pode aprender ao analisá-los atuando.

SEJA REFLEXIVO

A maioria dos líderes está centrada na ação e bastante imersa em seu trabalho, principalmente, porque tende a amá-lo. É evidente que é preciso retirar-se de vez em quando e ter uma "visão aérea" do que se está acontecendo. Esses momentos de reflexão devem incluir seu próprio desempenho como líder. Liste as coisas que estão indo bem e identifique algumas áreas específicas para autoaperfeiçoamento.

Esse processo é natural em qualquer aspecto de nossas vidas, inclusive no pessoal, mas você deve transformá-lo em um método de autoaprendizagem. Ele lhe dará uma lista mental de pontos de ação que visam melhorar suas habilidades e seus conhecimentos como líder.

Dica

Use os modelos de autorreflexão fornecidos no apêndice para avaliar rotineiramente o seu desempenho e desenvolver uma mentalidade de melhoria contínua.

Usar feedback informal ou não estruturado é uma ferramenta de autodesenvolvimento especialmente importante. As pessoas são como espelhos ou "refletores sociais": transmitem-nos a forma como nós agimos.

A este respeito, porém, os outros são receptores ou espelhos imperfeitos, pois não se limitam a observá-lo: eles também interpretam o que veem antes de dar-lhe seu feedback — solicitado ou não. Por isso, você precisa ser cauteloso ao usar este feedback. Lembre que só está recebendo as impressões dos outros, não declarações psicológicas verdadeiras sobre o seu interior. Procure sempre um padrão. Como diz o provérbio:

Se uma pessoa diz que és um cavalo,
Sorria para ela.

Se duas pessoas dizem que és um cavalo,
   pense nisso.

Se três pessoas dizem que és um cavalo,
   saia e compre uma sela.

O feedback é um pouco como o mecanismo de orientação de um foguete. Se você o receber com uma mente aberta, estudando a sua essência, ele pode guiá-lo em seu caminho para a excelência na liderança. Se a sua organização tem um sistema de feedback formal, aproveite-o e peça um retorno sobre o seu desempenho. Como Hillary Clinton uma vez sugeriu, porém, "aprenda a levar a crítica a sério, mas não para o pessoal". Em vez disso, pense sobre o que você pode fazer para melhorar no futuro.

Nunca tenha medo do fracasso. O caminho à sua frente será repleto com os resultados de suas falhas como um líder. A única maneira de você pode passar de ser um bom líder — onde você está agora — para se tornar um líder muito bom, mesmo excelente ou grande, é almejando além. E isso implica quedas curtas. Mas persevere. No final, poderão dizer que você é um líder nato!

Dica

Muito se tem escrito sobre líderes bem-sucedidos que experimentaram e aprenderam com o fracasso. Encontre algum tempo para realizar uma pesquisa sobre este tópico. Você se surpreenderá.

Desenvolver sua confiança usando as estruturas apresentadas neste livro, contar com a ajuda de sua organização como parceira no desenvolvimento de sua liderança e fazer uso do feedback que vem de todas as fontes — superiores, colegas, membros da equipe, amigos e família — são apenas três maneiras práticas de melhorar suas habilidades. Você

Exercício

Se você pudesse pedir feedback sobre três áreas do seu desempenho, quais seriam e por quê?

Área de desempenho?	Por quê?

Repita este exercício novamente em três meses. Você responderia de forma diferente?

Área de desempenho?	Por quê?

E outra vez, três meses depois?

Área de desempenho?	Por quê?

pode, sem dúvida, pensar em outras. Leva tempo, pois não existe liderança instantânea. Portanto, seja paciente. Faça algo diferente amanhã como resultado desta leitura. Por menor que seja um passo, você estará no caminho certo. Leia este livro novamente em intervalos regulares, ele o ajudará a seguir em frente. Como um verdadeiro líder, como o "guerreiro feliz" de Wordsworth, você deve ser aquele que:

Olha para a frente, perseverando até o fim,
Do bom para o melhor, diariamente autossuperando-se.

Resumo

- Não existe uma fórmula única e perfeita para se desenvolver como líder. Todos são únicos e serão dotados de diferentes oportunidades, competências e desafios ao longo do caminho.
- Algumas maneiras práticas de evoluir como líder:
  - Promover a confiança, aceitando a responsabilidade de liderar.
  - Assumir proativamente as oportunidades para aprender e crescer dentro de uma organização.
  - Autoavaliar-se por meio de feedbacks sobre o seu desempenho.

6
COMO LIDERAR ESTRATEGICAMENTE

É melhor ter um leão liderando um exército de ovelhas do que uma ovelha liderando um exército de leões.

DANIEL DEFOE

No início deste livro, mencionei que a liderança ocorre em três níveis amplos:
1. Equipe.
2. Operacional.
3. Estratégico.

A natureza essencial da liderança como resposta aos três círculos — tarefa, equipe e indivíduo — permanece inalterada em todos esses níveis. O que muda é a complexidade. Em comparação com o papel do líder da equipe, a tarefa do líder estratégico é tanto de longo prazo quanto mais complexa. A equipe que ele ou ela tem que harmonizar e alinhar com o propósito comum pode ser extremamente grande, subdividida em muitas unidades e geograficamente dispersa.

AS FUNÇÕES DE UM LÍDER ESTRATÉGICO

"Liderança estratégica", expressão que cunhei nos anos 1970 para o trabalho do líder de uma organização, é uma expansão da *estratégia*. No grego antigo, *a estratégia* é composta de duas palavras: *stratos*, um grande corpo de pessoas como um exército no acampamento, e *egy*, líder (a palavra inglesa *hegemony*, liderança entre nações, deriva dela). Assim, a estratégia no nosso sentido moderno — em contraste com a tática — é apenas um pequeno segmento do que os gregos queriam dizer com a palavra. Para eles, abrangia toda a arte de ser comandante, incluindo o que chamamos de liderança.

Tabela 6.1 Principais funções da liderança estratégica

Função	Área de responsabilidade
Fornecer orientação para a organização como um todo	Finalidade, visão
Acertar na estratégia e na política	Pensamento estratégico e planejamento
Fazer acontecer (responsabilidade executiva geral)	Operacional/administração
Organizar ou reorganizar (balanço do todo e das partes)	Adequação da organização ao requisito situacional
Liberar o espírito corporativo	Energia, moral, confiança, espírito
Relacionar a organização com outras organizações e a sociedade como um todo	Aliados, parceiros, *stakeholders*, políticos, sociedade
Escolher os líderes de hoje e desenvolver os líderes de amanhã	Ensinar e liderar pelo exemplo — uma cultura de aprendizagem

Você precisa se preparar para a liderança estratégica da forma mais completa possível — este capítulo pode fornecer algumas pistas sobre o caminho a ser seguido. Nunca deixe que digam sobre você o que o historiador romano Tácito escreveu sobre o Imperador Galba: "Ninguém duvidaria da sua capacidade de reinar se nunca tivesse sido imperador."

O que cabe a uma pessoa para desempenhar este papel? É uma tarefa exigente e desafiadora, apesar de haver profissionais à disposição — por vezes, em grupos — para ajudar o líder estratégico onde as responsabilidades são grandes.

Você precisará de:

- consciência, compreensão e habilidade no modelo de três círculos;
- conhecimento profundo do seu negócio;
- qualidades pessoais já mencionadas, como entusiasmo, integridade, justiça, resistência, calma, humanidade, resiliência e uma dose de humildade;
- capacidade para pensar com clareza e raciocinar com convicção.

A IMPORTÂNCIA DA SABEDORIA PRÁTICA

"É fácil encontrar mil soldados, mas muito difícil encontrar um general", diz o provérbio chinês. Uma razão é que a combinação do intelecto necessário com a capacidade de inspiração comprovada como líder é muito rara. Não me refiro a uma bolsa acadêmica ou ao que se costuma chamar de "ser esperto". "Não é necessário muito intelecto na guerra", escreveu Napoleão em uma carta a seu irmão José. "Provavelmente, o atributo mais desejável de todos é que o juízo de um homem deve estar acima do nível comum. O sucesso na guerra baseia-se na prudência, na boa conduta e na experiência".

Os gregos, claro, tinham uma palavra para isso. A qualidade essencial que eles procuravam em um líder estratégico — e essencial para liderar a vida pessoal também — era *phronesis*. Traduzido em latim como *prudentia* e, portanto, em português como *prudência*, significa realmente sabedoria prática. Talvez você queira refletir sobre a minha sugestão de que a sabedoria prática é composta por três ingredientes principais: inteligência, experiência e bondade. É por isso que consideramos Gandhi e Nelson Mandela sábios, mas não Hitler, Stalin e Saddam Hussein.

Um ponto-chave a ser lembrado sobre liderança estratégica é que nas organizações, exceto nas menores, o papel é muito grande para uma pessoa fazer tudo sozinha. Você tem que ser capaz de delegar e dar tempo a si mesmo e às pessoas para pensar. Você pode até compartilhar o papel — como um presidente e um executivo-chefe. Seja como for, você precisará formar uma equipe de liderança estratégica ao seu redor — incluindo os diretores operacionais sênior — para garantir que superará os desafios dos três círculos nestes tempos turbulentos de mudança.

Exercício

Sir Terry Leahy, ex-chefe executivo da Tesco, acredita que a essência do seu trabalho é a liderança. "Há uma receita simples para a liderança", disse, "que é descobrir a verdade da situação, imaginar onde você quer chegar, fazer um plano e executá-lo. Aplica-se a empresas e cidades, mas também à sua própria situação pessoal. Acredite sempre que há um lugar melhor e convença as pessoas a irem lá ao seu lado."

Das sete funções de um líder estratégico (veja Tabela 6.1), quais são as que Terry Leahy destaca para nós?

LIDERANÇA PARA MUDANÇAS DESEJÁVEIS

A mudança e a liderança estão intimamente ligadas. A mudança aumenta a necessidade de líderes; os líderes trazem a mudança. Como diz o provérbio, "O pássaro carrega as asas e as asas carregam o pássaro". Talvez você possa gerenciar os *efeitos* da mudança, mas a positiva e desejável sempre requer liderança.

Esse princípio, aliás, não se aplica apenas à sua organização à medida que você navega para a frente nos mares turbulentos da mudança. Diz respeito, também, à sociedade em geral. A democracia exige sempre líderes competentes. "Homens e mulheres fazem história, não o contrário. O progresso ocorre quando líderes corajosos e hábeis aproveitam a oportunidade para mudar as coisas para melhor", disse Harry S. Truman, ex-presidente dos Estados Unidos.

A sua posição nunca lhe dá o direito de comandar. Só impõe a você o dever de viver a sua vida para que outros possam receber as suas ordens sem serem humilhados.

DAG HAMMARSKJÖLD

Resumo

- A liderança estratégica ainda opera em todos os níveis de tarefa, equipe e necessidades individuais. Ela, geralmente, existe dentro de um ambiente mais complexo que se estende por diferentes unidades e geografias.
- A liderança estratégica repousa sobre a sabedoria prática de um líder, que é composta de inteligência, experiência e bondade inerente. É também um fator-chave para beneficiar mudanças desejáveis para o grupo e para a organização.

7
Como formar líderes em sua organização

Quando você é jovem — ou, pelo menos, no início de sua carreira —, está focado em desenvolver o seu próprio potencial como líder. Uma vez que você está em um papel de liderança em nível de equipe, tem a responsabilidade de desenvolver os indivíduos (o terceiro círculo), e isso inclui suas habilidades como líderes. No plano estratégico, este trabalho é tão importante para o desempenho atual e para o crescimento futuro que constitui uma das sete funções centrais que, em conjunto, compõem o papel. Como você o faz? A Figura 7.1 mostra os sete princípios fundamentais. Veremos cada um deles com mais detalhes neste capítulo.

> **Exercício**
>
> Imagine que você acaba de assumir o cargo de diretor executivo de um grupo de empresas privadas que empregam 6.000 pessoas no setor de saúde. Você pediu ao seu diretor de recursos humanos que escrevesse um documento intitulado "Rumo a uma estratégia de grupo para o desenvolvimento da liderança".
> Que elementos gostaria de ver nele?

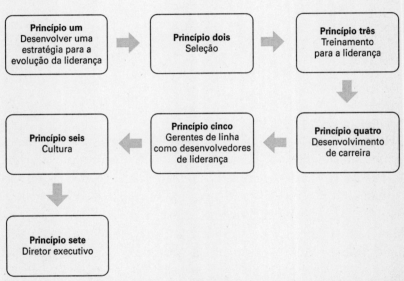

Figura 7.1 *Os sete princípios para fazer crescer líderes na sua organização*

PRINCÍPIO UM: DESENVOLVER UMA ESTRATÉGIA PARA A EVOLUÇÃO DA LIDERANÇA

A chave para alcançar o sucesso empresarial sustentável é ter excelência na liderança em todos os três níveis. Os comandantes estratégicos, operacionais e de equipe precisam trabalhar harmoniosamente como a equipe de liderança da organização.

O erro mais comum e mais caro que as organizações cometem é focar no desenvolvimento da liderança dos gerentes dos níveis mais elevados, de modo que se torne toda a sua "estratégia". Ao fazê-lo, eles ignoram os seus líderes de equipe, que são aqueles que estão mais próximos do cliente. Certifique-se de que a sua estratégia valha para os três níveis.

Há uma distinção útil a ser feita entre pensamento estratégico e planejamento estratégico. Você deve perceber seu plano de desenvolvimento de liderança — trabalhada e orientada por um grupo pequeno de direção — como parte de seu plano geral de negócios. Sempre a longo prazo (cinco a dez anos). Não deixe que a urgência o desvie do essencial, pois uma estratégia deve ser tridimensional:

- *Importância*: tem mesmo que ser relevante;
- *Longo prazo*: leva tempo para cultivar árvores;
- *Multifatorado*: é preciso mais de um elemento ou abordagem para fazer uma estratégia.

Os princípios restantes fornecerão uma ideia do que devem ser esses vários elementos. Quando há sinergia entre eles — os elementos-chave trabalhando em harmonia —, sua organização começará a desenvolver líderes.

PRINCÍPIO DOIS: SELEÇÃO

"O Smith ainda não é um líder nato". Quando essas palavras apareceram no relatório de um gerente na década de 1950, ninguém pensou que a pessoa pudesse fazer algo a respeito — muito menos a organização que o empregava. Como o ditado dizia, "Os líderes nascem e não são criados".

Não pensamos assim hoje. O curso de liderança centrado na ação e baseado no modelo de três círculos que foi desenvolvido nos anos 1960 provou, de uma vez por todas, que o provérbio era uma meia verdade —

líderes podem ser treinados ou desenvolvidos. Por outro lado, as pessoas variam, sim, sua quantidade relativa de potencial de liderança. Uma vez que não é fácil desenvolver líderes, por que não contratar pessoas que já estão a meio caminho — ou mais — de lá? Certifique-se, pelo menos, de que quando recrutar de fora — ou promover de dentro — as pessoas tenham elevado potencial para se tornarem líderes eficazes, pois são estes que farão crescer o seu negócio em vez de apenas o administrarem.

> ## Dica
>
> Lembre-se que uma *pessoa* pode ser nomeada *gerente* em qualquer nível, mas ela não é um líder até que a nomeação tenha sido ratificada nos corações e mentes daqueles que trabalham ao seu lado.

Se poucos gerentes em sua organização são reconhecidos como líderes, de quem é a culpa? Não do gestor em questão, sugiro, mas daqueles que não aplicaram o princípio dois quando nomearam a pessoa em questão. Você não pode ensinar um caranguejo a andar diferente.

PRINCÍPIO TRÊS: TREINAMENTO PARA LIDERANÇA

Treinar implica instrução com um fim específico em vista; *educar* implica tentar fazer emergir capacidades latentes. É claro que não existe uma linha rígida separando formação de educação. Pense nisso mais como um espectro de combinações entre os dois polos. Por uma questão de brevidade, vou referir-me a ambos como treino.

Como parte de seu pensamento estratégico, você deve identificar suas necessidades de treinamento de negócios no contexto de liderança e atribuir-lhes prioridades. Tenha sempre em mente que qualquer treinamento custará tempo e dinheiro à sua organização. Você precisa de cursos ou programas eficazes e rentáveis — em termos de tempo e dinheiro. Se você possui números grandes, precisa de cursos de volume alto, qualidade alta e custo baixo.

Lembre que o treinamento presencial não é a única opção disponível. A formação pode ser ministrada on-line, por telefone ou *tablet*. Não só pode ser uma solução rentável, como também significa que os candidatos completem a formação em torno dos seus outros compromissos ou no seu próprio tempo. Você também pode considerar a possibilidade de disponibilizar livros ou assinaturas on-line para os seus líderes de equipe, para apoiar o desenvolvimento contínuo fora do treinamento formal.

O primeiro nível a ser analisado é o dos líderes da sua equipe, ou seja, os gestores de primeira linha. Os recém-nomeados tiveram treinamento em liderança antes ou logo após a nomeação? Na minha opinião, é moralmente errado atribuir a uma pessoa um papel de liderança sem algum tipo de treinamento — errado para a própria pessoa e errado para aqueles que trabalham com ela. Não confiamos os nossos filhos a motoristas de ônibus que não têm formação, então, por que colocar os empregados sob a direção de líderes não formados?

Se você terceirizar seu treinamento na empresa, certifique-se de manter o controle, para que os programas se encaixem na sua estratégia e ética organizacional. Delegação nunca significa abdicação.

Dica

Tenha certeza de que você avaliou o impacto do treinamento, realizando feedback do aprendizado e como ele pode ser implementado no dia a dia organizacional.

PRINCÍPIO QUATRO: DESENVOLVIMENTO DE CARREIRA

As pessoas crescem como líderes com a prática de liderar. Não há substituto para a experiência. O que as organizações podem fazer é dar a elas oportunidades de exercer o comando. O truque é dar a uma pessoa o emprego certo no momento certo. Deve ser o tipo de papel de liderança realista, mas desafiadora para o funcionário.

Se a sua organização está empenhada em aplicar este princípio, converse uma vez por ano com cada líder ou aspirante ao cargo, descrevendo o que tem em mente para cada um. Da mesma forma, a reunião será uma oportunidade para que o indivíduo seja proativo e diga o que deseja fazer. Este pode, por exemplo, querer passar de um papel especializado para um mais generalista (liderança). Completar este quebra-cabeça de esperanças e expectativas é o pulo do gato, e deve ser uma situação em que todos ganham. Um líder estratégico precisará de experiência em mais de uma área funcional do negócio e, se você está em uma empresa internacional, talvez em mais de um país.

Dica

É importante não assumir que um potencial líder quer seguir o caminho de desenvolvimento sugerido. Isto só pode ser confirmado por meio da discussão das opções com o indivíduo em questão.

PRINCÍPIO CINCO: GERENTES DE LINHA COMO DESENVOLVEDORES DE LIDERANÇA

No meio da Batalha de El Alamein, em 1942, o general Bernard Law Montgomery encontrou tempo para telefonar ao general Horrocks, um de seus principais líderes operacionais e comandante de uma equipe recém-formada, e dar-lhe um tutorial sobre liderança. Monty tinha observado que Horrocks estava voltando a ser um general divisional. Todos os bons líderes também são professores.

A responsabilidade de um líder pelas necessidades individuais inclui o desenvolvimento do potencial de cada um de seus comandados — tanto a nível profissional e técnico como no "lado humano da empresa". Isso implica reuniões a intervalos regulares para oferecer críticas construtivas, bem como encorajamento e apoio.

Acima do nível de equipe, todos os líderes são "líderes de líderes", como foi dito sobre Alexandre, o Grande. Os competentes usarão suas oportunidades individuais — formais ou informais — para compartilhar seus conhecimentos em uma conversa eficaz. E sua condição necessária é o respeito mútuo. É essa confiança ou esse respeito mútuo que nos faz ansiosos para aprender e prontos para ensinar.

Dica

Você precisa de um sistema de definição de objetivos e avaliação de desempenho, mas ele não estará completo a menos que seja visto como um canal para a aprendizagem bidirecional.

PRINCÍPIO SEIS: CULTURA

Wellington e Nelson, Slim e Montgomery — sim, as forças armadas produzem líderes. Elas os selecionam e os treinam, mas o verdadeiro segredo é que, desde o século xviii, elas dão um valor enorme à liderança. Acima de tudo, esta qualidade é esperada em todos os oficiais. O lema de Sandhurst expressa o ideal que se espera de cada oficial: *Servir para liderar*.

Os valores são as estrelas que a sua organização dirige e, em conjunto, eles definem o seu *ethos*. Certifique-se de que a sua cultura valoriza "liderança boa e liderança para o bem". Em última análise, é a cultura que desenvolve os líderes, por isso, é vital que a revisemos e façamos mudanças onde for necessário.

A cultura empresarial deve também encorajar um clima de autodesenvolvimento na liderança. As organizações só têm cinquenta por cento das cartas nas suas mãos, os outros cinquenta estão com o indivíduo. Pode não haver cursos disponíveis para você, mas você ainda pode aprender sobre o assunto. Os livros são o melhor método, juntamente com a reflexão sobre a sua própria experiência.

Talvez a sua instituição também precise de um lema. Você pode escolher o latino do Chartered Institute of Management, no Reino Unido, *Ducere est Servire* — Liderar é servir.

> ## Dica
>
> A sua organização tem uma declaração de valores da empresa ou algo similar? Descubra e depois veja se a sua equipe está ciente disso.

PRINCÍPIO SETE: O DIRETOR EXECUTIVO

As sete funções genéricas de um líder estratégico deixam bem claro que se você está no papel de diretor executivo, você possui o problema de líderes em desenvolvimento. Os recursos humanos ou os cursos de aperfeiçoamento existem para aconselhar e ajudar. Eles podem ajudá-lo a formular e a implementar a sua estratégia, mas você está no banco do condutor. Caso contrário, não espere nenhum movimento em frente.

Além de assumir a responsabilidade pela estratégia, você também deve liderar a partir da sua perspectiva. Seja conhecido por falar sobre liderança — não frequentemente, mas às vezes e sempre com eficácia. Visite qualquer curso sobre o assunto e mostre seu apoio a eles. Se a liderança importa a você, também importará para a empresa. Aliás, é também uma oportunidade para passar a sua mensagem, bem como uma oportunidade para praticar a habilidade de ouvir. As organizações de hoje precisam de líderes que escutam.

ENCONTRE GRANDEZA NAS PESSOAS

Desenvolver futuros líderes não é um mistério. Conhecemos as leis da aerodinâmica que sustentam o desenvolvimento bem-sucedido da liderança. Os sete princípios identificados neste capítulo são essenciais, mas cabe a você aplicá-los no contexto das necessidades e exigências de sua organização.

Isso demandará algum tempo, esforço e dinheiro. Por que se incomodar? A resposta é simples. As tarefas que enfrentamos são cada vez mais desafiantes. A fim de responder a elas, as pessoas de todos os níveis precisam de líderes eficazes e inspiradores.

Como disse John Buchan: "A tarefa da liderança não é pôr grandeza nas pessoas, mas suscitá-la, porque a grandeza já está lá."

Resumo

- Parte de ser um líder excepcional é desenvolver sua equipe e os indivíduos dentro dela para estimular o próprio potencial deles.
- Desenvolva uma estratégia de liderança para a organização que beneficie os funcionários em todos os níveis e que tenha uma abordagem de longo prazo.
- Selecione membros da equipe que tenham o maior potencial de liderança, mas crie um programa de treinamento para apoiá-los em seu crescimento e ajudá-los a atender às expectativas da organização.
- Ofereça oportunidades para que os indivíduos possam exercer a liderança em suas funções diárias.
- Trabalhe individualmente com pessoas para acelerar sua aprendizagem e definir seus objetivos.
- Incentive uma cultura organizacional que valorize a liderança e o autodesenvolvimento. Ao fazer isso, você também deve incorporar os princípios da grande liderança e promover a difusão de suas ideias.

APÊNDICE

UM *CHECKLIST* DE LIDERANÇA

Realização da tarefa

- *Propósito*. Estou ciente da minha tarefa?
- *Responsabilidades*. Estou ciente das minhas responsabilidades?
- *Objetivos*. Concordei sobre os objetivos com o meu superior?
- *Condições de trabalho*. Isto é adequado para o grupo?
- *Recursos*. Há autoridade, dinheiro e materiais adequados?
- *Alvos*. Cada membro tem metas claramente definidas e acordadas?
- *Autoridade*. A linha de autoridade é clara?
- *Treino*. Existem lacunas nas competências especializadas ou habilidades dos indivíduos do grupo necessárias para a tarefa?
- *Prioridades*. Já planejei o tempo?
- *Progresso*. Eu verifico e avalio regularmente?

- *Supervisão*. No caso da minha ausência, quem me cobre?
- *Exemplo*. Eu estabeleço padrões pelo meu comportamento?

Construção e manutenção da equipe

- *Objetivos*. A equipe os entende e aceita claramente?
- *Padrões*. Eles sabem quais padrões de desempenho são esperados?
- *Normas de segurança*. Conhecem as consequências das infrações?
- *Tamanho da equipe*. O tamanho está correto?
- *Membros da equipe*. As pessoas certas estão trabalhando juntas? Há necessidade de subgrupos?
- *Espírito de equipe*. Procuro oportunidades para transformar trabalho em equipe em trabalho?
- *Disciplina*. As regras são vistas como não razoáveis? Sou justo e imparcial na aplicação delas?
- *Queixas*. As queixas são tratadas prontamente? Tomo medidas em assuntos que possam perturbar o grupo?
- *Consulta*. Isto é genuíno? Eu encorajo e aceito ideias e sugestões?
- *Briefing*. Isto é corriqueiro? Abrange os planos atuais, os progressos realizados e os desenvolvimentos futuros?
- *Representação*. Estou preparado para representar e defender os sentimentos do grupo quando necessário?
- *Apoio*. Visito as pessoas em seus trabalhos quando a equipe está separada?

Desenvolvimento do indivíduo

- *Objetivos*. Foram acordados e quantificados?
- *Indução*. Ele ou ela conhece realmente os outros membros da equipe e a organização?
- *Realização*. Ele ou ela sabe como o seu trabalho contribui para o resultado geral?

- *Responsabilidades.* Há uma descrição clara do trabalho? Posso delegar mais a ele ou a ela?
- *Autoridade.* Ele ou ela tem autoridade suficiente para cumprir sua tarefa?
- *Treino.* Foram tomadas disposições adequadas para a formação ou reciclagem, tanto técnica como de chefe de equipe?
- *Reconhecimento.* Enfatizo o sucesso das pessoas? No fracasso, a crítica é construtiva?
- *Crescimento.* Ele ou ela vê alguma hipótese de desenvolvimento? Existe um futuro na carreira?
- *Performance.* Isto é revisto regularmente?
- *Recompensa.* O trabalho, a capacidade e o salário são equilibrados?
- *A tarefa.* Ele ou ela está no emprego certo? Tem os recursos necessários?
- *A pessoa.* Conheço bem esta pessoa? O que o torna diferente dos outros?
- *Tempo/atenção.* Eu passo tempo suficiente com os indivíduos na escuta, desenvolvimento e aconselhamento?
- *Queixas.* São tratadas prontamente?
- *Segurança.* Ele ou ela sabe sobre aposentadoria, demissão e assim por diante?
- *Avaliação.* O desempenho geral de cada indivíduo é revisto regularmente em discussões presenciais?

FERRAMENTAS ÚTEIS

Classificação de qualidades

Faça uma lista das cinco qualidades esperadas nas pessoas que trabalham na sua área.

Qualidades	Classificação 1-5 (1 sendo o mais baixo, 5, o mais alto)
1.	
2.	
3.	
4.	
5.	

Ferramenta de critérios SMART

Pense em um objetivo recente que você definiu para si mesmo ou para sua equipe. Avalie esse objetivo de acordo com os critérios SMART.

Objetivo:		
O objetivo era	**Sim/Não**	**Como?**
Específico?		
Mensurável?		
Realizável?		
Realista?		
Prazo definido?		

Ferramenta de avaliação do sistema

Liste cinco importantes sistemas estabelecidos para o trabalho da sua equipe. Avalie a eficácia de cada um.

Sistema	Classificação 1-5 (1 sendo o mais baixo, 5, o mais alto)
1.	
2.	
3.	
4.	
5.	

Planejamento: Ferramenta de impacto da decisão

Use esta ferramenta para ajudá-lo a compreender o impacto de uma mudança de rumo uma vez que um plano tenha sido elaborado.

Se eu não fizer nada?	Opção 1	Opção 2	Opção 3	Opção 4
O impacto nas necessidades da tarefa será...	O impacto nas necessidades da tarefa será...	O impacto nas necessidades da tarefa será...	O impacto nas necessidades da tarefa será...	O impacto nas necessidades da tarefa será....
O impacto na manutenção das necessidades da equipe será...	O impacto na manutenção das necessidades da equipe será...	O impacto na manutenção das necessidades da equipe será...	O impacto na manutenção das necessidades da equipe será..	O impacto na manutenção das necessidades da equipe será...
O impacto sobre as necessidades individuais será...	O impacto sobre as necessidades individuais será...	O impacto sobre as necessidades individuais será...	O impacto sobre as necessidades individuais será...	O impacto sobre as necessidades individuais será...

Feedback sobre a ferramenta de desempenho

Se você pudesse pedir feedback sobre três áreas do seu desempenho, quais seriam e por quê?

Área de desempenho?	Por quê?

Ferramenta da função de liderança

Considere seu nível atual de habilidade de liderança e avalie-se em cada uma das funções de liderança na tabela a seguir.

Função de liderança	Classificação 1-5 (1 sendo o mais baixo, 5, o mais alto)
Definição da tarefa	
Planejamento	
Briefing	
Controle	
Avaliação	
Motivação	
Organização	
Dar o exemplo	

Sucessos

Lições de liderança - 12 conceitos-chave

John Adair acredita que a liderança pode ser aprendida, que não depende de traços de personalidade. Com suas pesquisas e analisando os grandes líderes da história, ele tem ajudado a desmistificar a teoria do "líder predestinado".

Neste livro, Adair ensina sua teoria da Liderança Centrada na Ação, incentivando profissionais a focar em três aspectos: realizar a tarefa, estruturar e manter a equipe e suprir as necessidades individuais dos membros do grupo. Aprendendo e seguindo esses passos, segundo ele, qualquer um pode se tornar um líder eficaz.

Sucessos

Como Liderar - 8 lições para iniciantes

Em oito lições simples, John Adair explica o básico sobre liderança de maneira clara, concisa e relevante. Para melhorar a natureza prática do texto, cada um dos capítulos é seguido por uma série de pontos-chaves e resumos preparados para incentivar você a se tornar um profissional mais capacitado Em qualquer trabalho, chega o momento em que um profissional é solicitado a liderar outras pessoas. No entanto, embora ela esteja preparada em sua própria área de atuação, é normal sentir medo de encarar essa nova fase de sua carreira. Afinal, poucas pessoas são ensinadas a liderar. O que você precisa saber? Como liderar?